CAUSES POLITIQUES SECRETES, OU PENSÉES PHILOSOPHIQUES

Sur divers Evénemens qui se sont passés depuis 1763 jusqu'en 1772. Suivies d'un projet de HAUT POUVOIR CONSERVATEUR dirigé par les quatre grandes Puissances de l'Europe. Par un Ministre d'Etat qui ne se soucie plus de l'être.

Ouvrage traduit de l'Anglois sur la sixieme édition.

Ludum insolentem ludere pertinax.

A LONDRES.

Aux dépens du Lord NORTH.

M. DCC. LXXXII.

RÉFLEXIONS PRÉLIMINAIRES

SERVANT D'INTRODUCTION.

CET ouvrage n'étoit pas destiné au grand jour de l'impression. Des circonstances imprévues ont fait condescendre l'auteur aux desirs de quelques personnes qui avoient sa confiance. Il leur a paru mériter la publicité, dans un moment où l'Europe attentive aux impulsions que la cause des Américains vient de donner à toutes les cours de notre continent, & où une politique absurde & ignorante n'est encore, malgré ses prétendus progrès, qu'une routine plus dirigée pour séduire, que soumise à des principes lumineux.

Négociateurs, ministres, souverains, tous n'ont encore employé que des palliatifs plus dangereux que les maux mêmes auxquels ils cherchent à remédier. Leurs efforts seront inutiles & nuisibles même tant que la variabilité des systêmes de gouvernement, la fausse ambition & le mauvais emploi des forces respectives des puissances, feront naître le mal à côté du remede; tant que l'erreur, l'espionage, la délation, le mensonge, l'impéritie seront l'appanage de la plupart des émissaires dont les cours s'inondent réciproquement. L'un croit avoir surpris le secret de l'état, sur un geste, un regard, un mot quelquefois dit à dessein par le ministre habile qui lui cache ses véritables intentions; l'autre pense avoir rempli son objet en apprenant les détails des plus frivoles intrigues des oisifs de cour; enfin ayant tous réduit en art la maniere de se tromper mutuellement; envoyant avec confiance les fausses nouvelles dont on les berce: souvent pris pour dupes & presque toujours crus, il nous semble voir des jettons introduits au jeu, rendus, prêtés, reçus dans la même partie, & retournant à leur source par les mêmes voies pour recommencer leur circulation. Ainsi l'erreur a fait le tour du globe; ainsi se perpétuent les sottises, les travers, l'ignorance des gouvernemens. Ne pourroit-on faire comprendre aux souverains, que leur politique ne sera jamais qu'une chicane de college tant qu'elle n'aura pas pour base la franchise, la simplicité & l'honneur? cette science n'est pas un dédale obscur, tel que l'ont imaginé des esprits séduits par le préjugé, l'intérêt, le luxe, &c. Au lieu de remplir les instructions des négociateurs de ce fatras de cérémonies, de préférences, de formalités bien plus ridicules qu'inutiles, on devroit leur dire simplement : « Vous avez en vos mains le » secret de l'état; la partie extérieure » de l'administration qui vous est » confiée doit diriger les opérations » intérieures de l'empire; un faux avis » peut compromettre à la fois le bien » des peuples & l'honneur des Rois; » que vos démarches soient publiques, » vos discours pleins de franchise & » de vérité; étudiez la nation chez » qui vous allez vivre, & ne la jugez » jamais par comparaison avec la » vôtre. Si vous découvrez des choses

» dignes d'être mises en usage pour » le bonheur de votre patrie, n'oubliez pas de nous en faire part; » ne vantez ni notre puissance ni nos » ressources; que la modestie accompagne toutes vos actions, & ne déployez l'auguste caractere dont vous » êtes revêtus, que dans les occasions » où il sera absolument nécessaire. » Revenez ensuite chargés de nouvelles lumieres, & méritez d'être nommés parmi le petit nombre d'hommes d'état qui ont augmenté la félicité publique.... «

En supposant que le choix d'un ambassadeur n'eût pas été déterminé par les vils ressorts dont les ineptes courtisans savent si bien faire usage, nous osons assurer que tout ministre représentant un souverain n'auroit jamais besoin d'une plus longue instruction.

Il seroit bien interessant pour le bonheur des hommes qu'un philosophe s'occupât à soumettre la politique à l'analyse, & en tirât des résultats sensibles qui pussent servir de base éternelle aux négociations futures, qui démontrassent la chaîne où tiennent tous les événements présens & passés, en les soumettant au calcul mathématique.

Il y a moins de distance qu'on ne pense, entre les combinaisons des cabinets politiques & les abstractions du Lycée. Il est même certain que des analystes de Londres, Versailles, Berlin, Vienne, Pétersbourg, à qui l'on communiqueroit le même travail, sur des données fixées en tireroient les mêmes résultats. On ne s'occuperoit pas dans ce travail, à calculer l'etendue de pays des souverains, leurs forces particulieres, leurs ressources momentanées, mais à fixer pour toujours le degré d'influence qu'ont eu les événemens d'un siecle & les circonstances qui doivent accompagner les événemens présens.

Si l'on avoit adopté de tels principes dans la politique de l'Europe, il y a long-tems que les princes qui la gouvernent auroient conçu le plan que nous allons leur présenter; plan qui peut seul procurer la paix durable & permanente que tout souverain doit desirer, inspiré par le noble motif de ne plus faire d'une partie du monde une vallée de larmes & de calamités.

Ce plan coupera pour jamais racine aux éternelles contestations d'une minutieuse politique, aux prétentions équivoques, mettra un frein à l'ambition, aux manœuvres tracassieres de ces brouillons mercenaires, plus jaloux de diviser l'Europe par des intérêts personels qu'avides de la solide gloire d'être les protecteurs des peuples auprès de leurs souverains.

Nous ferons précéder le plan du *Haut-Pouvoir* par des réflexions & des anecdotes curieuses sur les systêmes de quelques cours du Nord; sur les menées & les causes du démembrement de la Pologne; causes qui ont eu plus de part qu'on ne croit, aux vues qu'ont adopte les puissances du midi de l'Europe, afin de retrouver cette chimérique balance, &c.

Nous nous ferons un devoir de dévoiler à la postérité & aux contemporains les menées obliques, les intrigues de la bassesse, les cabales de l'impuissante envie, & en général tous les mobiles secrets, sources de tant de fautes dont les peuples ont été les victimes; les ressorts qui ont mis en mouvement la prétendue *neutralité armée* & ce qui pourra résulter en Europe de l'insurrection des Américains, &c.

Si, contre toute vraisemblance, des rigoristes ambitieux ou des courtisans corrompus blâmoient la hardiesse avec laquelle nous découvrons les motifs des plus odieuses intrigues, nous en serions consolés par la pureté de nos intentions. Nous ne cherchons pas l'insipide plaisir de médire, nous voulons instruire nos semblables, & nous n'en appellerons qu'à notre juge incorruptible, la conscience qu'ils ne consultent sûrement pas.

CAUSES

CAUSES

POLITIQUES SECRETES.

QUEL eſt le grand objet de tout gouvernement ? c'eſt le bonheur de la nation. Comment peut-on l'opérer ? en reſpectant & en faiſant reſpecter les loix qui le produiſent ; en établiſſant celles qui peuvent rendre les hommes meilleurs, & les mieux garantir contre l'intrigue des eſprits remuants, & les entrepriſes des voiſins injuſtes. Pour donner à ces principes évidents toute l'étendue dont ils ſont ſuſceptibles, il s'agit de conſulter les caracteres & les vrais intérêts des nations, les ordres qui les compoſent, leurs préjugés, leurs paſſions, leurs facultés, leurs reſſources, leur religion, & ſur-tout leurs mœurs. Toute politique fondée ſur les ruſes, les manœuvres ſourdes, eſt bientôt démêlée : on la mépriſe, elle tombe en diſcrédit, & elle détruit la confiance, qui eſt le plus grand de tous les moyens à ménager. Les grands miniſtres doivent enfin abandonner aux gens dépourvus de talents & de vertus, le ſoin de travestir la politique en manege obscur, & ne plus accorder le titre de politique à des fourbes adroits qui font ou qui préparent le malheur des états, s'ils ont de l'autorité ou du crédit. Les souverains ne peuvent employer cette funeste politique qu'en oubliant que la base de cette science si simple en elle-même, n'est autre que la plus saine morale & la fermeté nécessaire pour maintenir dans toute son étendue l'autorité légitime.

Voilà l'abrégé des maximes que les princes européens auroient dû suivre depuis que plusieurs d'entre eux sont parvenus à un degré de puissance formidable, à l'abri de toute invasion subite, & ne devant plus employer leurs forces politiques que pour affermir le bonheur des peuples qui vivent sous leurs loix.

Bien éloignés de ces principes, les souverains n'ont jusqu'ici fait aucune paix que pour mieux se préparer à la guerre. A la paix signée à *Aix-la-Chapelle*, en 1748, on avoit la plus belle occasion de fixer les prétentions respectives des quatre principales puissances de l'Europe : on ne l'a pas saisie par l'influence qu'eut alors le ministere anglois, malgré les pertes sanglantes que sa nation avoit souffertes. La paix de Versailles, en 1763, ne fit pas revivre cette occasion favorable. Les puissances du Nord, la maison d'Autriche & la Prusse etoient occupées des troubles de la Pologne, dont nous parlerons plus bas : la France étoit sans marine, son commerce anéanti, ses finances épuisées, hors d'état de refuser par conséquent une paix si nécessaire Malgré ses désastres, Louis XV auroit pu profiter plus avantageusement des circonstances où les Anglois étoient réduits. Leurs conquêtes & leurs victoires avoient ébloui le parlement d'Angleterre au point de ne pas faire attention au délabrement des finances de cette isle & à la somme énorme où étoit montée la dette nationale.

Si la France eût écouté alors les projets du ministre clairvoyant qui lui donnoit la paix, elle eût cédé sans retour toute l'Amérique aux Anglois. Ce fardeau eût plutôt amené la révolution des États-unis, sans que le cabinet de Versailles eût eu besoin de les soutenir, & sans declarer la guerre à l'Angleterre. Cependant ces insulaires reçurent d'un air consterné la publication de cette paix : le parti de l'opposition jettoit les hauts cris, & sembloit avoir reçu la loi. Le duc de C...... se consoloit des sacrifices humilians qu'il avoit fait faire à Louis XV, en lui faisant entrevoir dans la disposition du peuple Anglois le germe de la révolution des colonies, qu'il se promettoit bien de fomenter. Encore cette paix de Versailles, toute honteuse qu'elle fut pour la France, n'auroit-elle pas été conclue, si le fameux *Pitt* n'eut pas abandonné le ministere, dès qu'il s'apperçut que les favoris de George III avoient été séduits par les intrigues du duc de C.....

Nous avons dit que la France ne sut pas se prévaloir des succès qu'elle avoit eus dans la guerre terminée par le traité d'Aix-la-Chapelle; & dans celui de 1763, commencé à Fontainebleau par le marquis de Grimaldi, ambassadeur d'Espagne, le duc de Bedford, plénipotentiaire du Roi d'Angleterre, & le duc de Praslin, ministre de Louis XV, les Anglois n'exigerent pas tout ce que les revers & la foiblesse de la France pouvoient leur laisser espérer. La premiere faute des François fut d'avoir entrepris la guerre de 1756 pour une misérable dispute de commissaires, sur les limites de la Louisiane & de la nouvelle Écosse, pays auxquels la France n'auroit jamais dû songer. La seconde fut de n'avoir pas cédé aux Anglois dans le nouveau monde d'autres possessions qu'elle ne conserve que par un faux système, & de n'avoir pas exigé les vaisseaux qui lui avoient été enlevés avant la déclaration de guerre, & le renvoi pour jamais de ces commiſſaires Anglois dans le port de Dunkerque, ſalariés par la cour de Verſailles; obligation la plus aviliſſante qu'une puiſſance comme la France puiſſe ſupporter. Il a été répété cent fois que dans un des articles ſecrets du traité de 1763, la France avoit conſenti à ne garder dans ſes ports qu'un nombre de vaiſſeaux de ligne fixé par l'Angleterre. C'eſt une erreur que nous ſommes forcés de démentir. Jamais Louis XV ni ſon conſeil ne ſe feroient avilis par une auſſi baſſe condeſcendance. Cette calomnie a pris ſa ſource dans une brochure, dont l'auteur mal inſtruit, avoit l'imprudence de s'annoncer pour l'organe du gouvernement (1). On a auſſi répandu que le duc de C... avoit fait des efforts inouis pour mériter le titre de pacificateur ; mais il eſt certain qu'aucun motif n'a conduit à cette paix que l'épuiſement total du royaume, & le généreux projet conçu par cet habile miniſtre, de faire payer cher aux Anglois les avantages qu'ils avoient cru trouver dans la poſſeſſion preſque entiere de l'Amérique ſeptentrionale. Qui pourra dire que les événements actuels ne juſtifient pas entiérement les meſures que

(1) Le Sr. Caron de Beaumarchais dans ſes obſervations ſur le mémoire juſtificatif de la cour de Londres.

vouloit prendre le duc de C..... ? Quant à l'article prétendu stipulé dans le traité au sujet des vaisseaux qu'il étoit permis à la France de conserver, il se trouve détruit par le fait ; puisque dès 1763, le cabinet de Versailles n'a cessé de s'occuper de l'augmentation de sa marine. Il résulte de ce que nous avons dit ci-dessus, que la paix de 1763 n'a eu d'autre objet que de se préparer à une guerre plus heureuse. La necessité où étoit alors la France de la conclure, la foiblesse de cette puissance, le mauvais état de ses finances, & les déprédations d'un luxe sans bornes ne lui permirent pas de s'occuper des troubles qui agitoient la Pologne, ni des intrigues ambitieuses des principales cours du continent. On envoya seulement quelques émissaires pour pénétrer les vues de ces cabinets ; on se contenta de permettre aux officiers françois d'aller chercher du service chez les confédérés, mais ce qu'on fit de mieux, fut de déterminer La Porte à déclarer la guerre à la Russie. Cette diversion n'eut cependant pas le succès qu'en attendoit le ministere de Versailles... Les Russes vainqueurs des Ottomans conserverent leur prépondérance en Pologne. & consommerent leur traité secret avec S. M. I. & le Roi de Prusse. On ne peut guere concevoir au premier coup-d'œil l'espece d'indifférence des autres puissances de l'Europe dans cette occasion ; mais en réfléchissant au systême sage qu'avoit adopté la France pour réparer ses disgraces, à la foiblesse de l'empire germanique, théatre malheureux des guerres du Continent, au pacte de famille, qui ne permettoit pas à la cour de Versailles de contrarier les vues de celle de Vienne, à la crainte qu'inspiroit cette triple alliance du Nord, on verra que la politique de la France dans ces circonstances ne pouvoit lui dicter une conduite plus judicieuse : cependant le ministre qui donna la paix à la France auroit pû faire consentir les cabinets de Berlin, de Vienne & de Londres à se liguer avec elle pour soutenir la Pologne contre l'ambition de la Russie, & pour former de cette république royale une barriere à la Russie & aux Turcs. On auroit facilement obtenu des Rois de Suede & de Danemarck les secours dont les Polonois auroient eu besoin, dans le cas où il auroit fallu employer la force. Il n'en auroit coûté que d'augmenter les subsides que paye ordinairement la cour de Versailles à celles de Stockholm & de Copenhague. Et d'un même coup pour consolider d'autant mieux la tranquillité de l'Allemagne & du midi de l'Europe, il falloit régler les prétentions que formoit l'Autriche sur la Baviere à la mort de son électeur, & assurer au roi de Prusse la succession de primogéniture pour les margraviats de Bareuth & d'Anspach, ainsi que pour le Meklenbourg. Si la paix de 1763 avoit reposé sur cette base, on auroit évité la courte guerre de 1778 : les cours intéressées à la liberté de la Pologne auroient pû efficacement empêcher le partage de ce malheureux pays, & si la France avoit ajouté aux arrangements dont on vient de parler, la prudence de laisser les Américains détruire leur métropole sans les aider en aucune sorte, le systême de prétendue balance en auroit eu plus de solidité ; car que l'Angleterre eût vaincu les colonies révoltées, ou que celles-ci eussent totalement secoué le joug, d'un & d'autre côté c'étoit des coups d'épée que les Anglois se donnoient au travers du corps : alors & seulement alors, les cabinets de Versailles & de Madrid auroient pû se livrer avec plus d'attention aux affaires du Nord. Quoique la guerre que le Grand-Seigneur venoit de déclarer à la Russie fut prévue & soufflée par la France, on étoit seulement étonné que les ministres de La Porte ne l'eussent pas faite plutôt, & qu'ils eussent été aussi tranquilles dans un moment où la sûreté des états de leur souverain exigeoit une attention particuliere sur toutes les démarches de la Russie & de la Pologne. Ne cherchons la source de cette tranquillité de La Porte, que dans les moyens secrets de corruption mis en usage par la Russie. L'argent lui gagna le Grand Visir & les principaux chefs du Divan, d'ailleurs étourdis par les belles phrases des ministres étrangers qui entroient dans les vues des cours de Pétersbourg & de Varsovie : & sans cela comment n'auroient-ils pas vû que l'étroite liaison formée entre Catherine II & Stanislas Auguste, tourneroit indubitablement à la perte de l'empire Turc?

Pour se convaincre de cette vérité, il ne faut que se rappeller toutes les intrigues de Catherine II, pour élever sur le trône de Pologne un candidat auquel elle vouloit donner une couronne & par inclination & par politique.

Le comte Stanislas Poniatowsky, connu dans le monde avant sa royauté, sous le titre de grand Pannetier de Lithuanie, a en partage la beauté de la figure, l'air noble, un extérieur imposant. Né avec un esprit vif & pénétrant, il eut encore le bonheur d'être élevé par sa mere, la princesse Czatoriska, sœur du grand chancelier de Lithuanie & du Palatin de Russie. Cette Dame joignoit à la naissance la plus illustre en Pologne, puisqu'elle remonte jusqu'aux Jagellons, l'esprit & les connoissances les plus étendues. Elle étoit digne d'être l'épouse du comte Poniatowsky, plus célebre pour avoir été la ressource de Charles XII, que par la noblesse de son nom jusqu'alors dans l'obscurité.

Toute l'illustration actuelle des Poniatowsky vient de ce fameux aventurier, qui de l'état de domesticité en Lithuanie, dans la maison de Miziecky, parut à Charles XII, digne de partager son amitié & sa confiance.

Charles XII ayant quitté sa retraite de Turquie, le comte Poniatowsky s'attacha à l'infortuné Stanislas, & partagea son séjour à Deux-Ponts. Ce fut dans ces loisirs que Poniatowsky dominé par son caractere intriguant, & ne voyant aucune perspective de fortune, à la suite d'un roi fugitif, vivant précairement chez un petit souverain, conçut le dessein le plus noir pour se raccommoder avec le rival de son nouveau bienfaiteur. Il eut l'adresse d'enlever à Stanislas l'abdication en forme qu'Auguste II lui avoit donnée en 1706, par ordre de Charles XII. Muni de cette piece importante pour ses desseins, il courut la porter à ce même Auguste II, qui, charmé de ce service & de la créature qui le lui rendoit, facilita son mariage avec la princesse Czatoriska : cette Dame lui apporta pour toute dot, un grand nom, beaucoup d'ambition & le penchant le plus décidé à jouer un rôle dans la Pologne. Le comte Poniatowsky eut huit enfans de son mariage avec cette princesse.

L'ainé est grand chambellan de Pologne, assez connu par son duel avec le celebre comte de Tarlo; le second fut tué en 1744, au siege d'Ypres, où il servoit en qualité d'aide de camp du feu maréchal de Noailles.

Le troisieme est l'heureux Poniatowsky, que le goût de Catherine II a élevé au rang des rois. Le quatrieme est chanoine de plusieurs cathédrales en Pologne.

Le cinquieme a épousé une princesse Kinsky, & est général au service d'Autriche, &c.

Soit caprice, soit sagacité dans son choix, la mere des jeunes Poniatowsky négligea l'éducation de ses deux aines, & réserva toute sa tendresse & ses lumieres pour Stanislas : elle voulut le former elle-même. Elle eut lieu d'être contente de la maniere dont le disciple répondit aux soins du maître. Parmi les préceptes dont elle meubla l'esprit de son éleve, elle n'oublia pas de lui inculquer son aversion pour la France. On peut juger jusqu'à quel point le pupille a rempli à cet égard les intentions de son mentor femelle.

Lorsqu'on lui permit de voyager, il eut

la politique de ne faire qu'un séjour de trois mois à Paris, où il se plaisoit, autant pour faire sa cour à sa mere, que pour se captiver le suffrage des Anglois, dont il mendioit déjà la bienveillance.

La cour d'Angleterre ayant nommé, en 1755, le chevalier Hamburg Williams, pour son envoyé à celle de Pétersbourg, le comte Stanislas Poniatowsky sollicita auprès de ce ministre la permission de le suivre en Russie, en qualité de gentilhomme d'ambassade. Cette démarche devoit paroître étonnante de la part d'un homme nourri de l'ambition de sa mere; mais cette passion sait revêtir toutes les formes capables de la faire parvenir à son but. Il faut avouer que son objet en allant en Russie n'étoit pas sûrement de se proposer pour successeur au trône de son pays. Il est plus que vraisemblable qu'il agissoit pour son oncle maternel le Palatin de Russie, ou peut-être pour le prince Adam de Russie, fils du Palatin. En effet, le prince Czatorisky avoit des vues secretes que la vacance du trône lui auroit fourni le prétexte de développer.

Depuis que la Russie eut acquis au commencement de ce siecle une espece de considération politique dans les autres cours de l'Europe, personne n'ignore l'influence qu'elle se proposa de prendre en Pologne. Ainsi les

Czatorisky, ayant formé leur projet, il étoit naturel qu'ils eussent à Pétersbourg une créature qui pût y pratiquer sourdement un parti en faveur de la cause dont ils espéroient leur élévation.

Personne ne leur parut plus propre à ce dessein que le comte Stanislas. Il réunissoit tous les avantages qui pouvoient assurer le succès d'une intrigue; l'esprit orné, les agrémens de la figure, la jeunesse, la prodigalité, & sur-tout une envie décidée de réussir. Aussi n'eut-il pas beaucoup de peine à plaire, dès son arrivée en Russie, auprès de ce qu'on appelloit la jeune cour, composée alors du grand-duc, mort d'un mal de gorge violent sous le nom de Pierre III, & de la grande-duchesse, qu'une révolution non moins violente a placée sur le trône sous le nom de Catherine II. Poniatowsky parloit anglois & allemand avec le grand duc, lui disoit beaucoup de mal de la France & des François, louoit excessivement le roi de Prusse, buvoit & fumoit avec Pierre; moyens infaillibles de s'immiscer très-avant dans les bonnes graces de ce prince.

Il agissoit différemment auprès de la grande duchesse. Il n'employa que les voies qui lui avoient déjà réussi pendant son séjour à Paris auprès de quelques dames titrées : & peut-être ne dût-il qu'au dégoût, à l'averfion de Catherine pour son époux, les bonnes fortunes que le caprice ou la légéreté lui avoient procurés en France.

Au milieu de tous les progrès du comte Poniatowsky à la cour de Russie, survint un événement qui auroit sans doute fait échouer un pilote moins habile que lui.

La France fit son traité avec Elisabeth : traité qui n'avoit pour objet que de s'opposer aux Anglois & aux Prussiens, & de faire rentrer la maison d'Autriche en possession de la Silésie. Cet incident changeoit absolument l'ancien système Russe.

Poniatowsky ne perdit point la tête dans cette bourasque imprévue. Il quitte le chevalier Hamburg Williams, se rend à Varsovie, persuade à la diete de sa nation & à la cour d'entretenir un ministre accrédité auprès d'Elisabeth, & a l'adresse de se faire nommer lui-même en cette qualité.

Le comte de Broglio, ambassadeur de France en Pologne, aussi clairvoyant qu'ardent & zélé, employa vainement & ses lumieres & ses amis pour s'opposer à cette nomination. & le feu comte de Brulh, ministre qui ne savoit représenter que par sa garderobe, eut l'aveuglement de déférer un des premiers aux sollicitations de Poniatowky, uniquement peut être parce que le comte de Broglio lui étoit contraire.

Le comte Poniatowsky retourne en Russie avec le titre de ministre du roi & de la république de Pologne. Il s'attacha plus fortement qu'auparavant à se faire des créatures dans cette cour : & malgré la véhémence des phrases qu'il lâcha contre le roi de Prusse dans ses discours de premiere audience, il n'en étoit pas moins dans les intérêts de ce prince, de concert avec la petite cour. C'est à cette époque que ses liaisons avec la grande-duchesse, aujourd'hui Czarine, devinrent très-intimes.

Cependant l'arrivée du Marquis de l'Hopital à Pétersbourg fit perdre au parti Anglois & Prussien l'influence qu'il avoit acquise en Russie. Ce seigneur françois avoit sçu gagner l'amitié & la confiance de l'auguste Elisabeth & la vénération de tous les Russes. Il vivoit froidement avec Poniatowsky, parce qu'il n'ignoroit aucune de ses sourdes manœuvres. Il le trouvoit par-tout sur son chemin. Le dessein de ce nouvel ambassadeur de France étoit bien de perdre le Polonois dans l'esprit d'Elisabeth, & de le faire renvoyer ; mais il falloit pour cela plus que des indices ou des soupçons.

Quoiqu'on ne doutât point qu'il ne fut entré pour quelque chose dans le complot qui fit arrêter le comte Bestucheff, grand-chancelier de Russie & ses adhérens, on n'avoit pas de preuves encore assez claires pour déterminer Elisabeth à demander son rappel à la Cour de Varsovie. La volupté qui n'est pas toujours prévoyante fournit elle-même un motif légitime pour faire renvoyer le comte Poniatowsky.

La jeune cour étoit en usage de se rendre à Oranienbaum dans le mois de Mai. C'est un château bâti sur le golfe de Cronstadt & en face de la ville de ce nom, dont il n'est éloigné que d'un trajet de mer de trois quarts-d'heure. Il avoit appartenu au fameux Prince Menzicoff. Lors de sa disgrace en 1727, on le dépouilla de tous ses biens; Oranienbaum tomba au fisc impérial, & Elisabeth en gratifia son neveu Pierre III. C'est là que ce Prince avoit des casernes pour y loger deux ou trois cens fantassins ou dragons du Holstein, & qu'il les exerçoit.

Poniatowsky n'osoit pas se montrer ouvertement à Oranienbaum; car, quoique Pierre III ne fut pas jaloux, il savoit trop à quoi s'en tenir.......

Poniatowsky déguisé se promenoit dans les allées où il savoit que la Grande-Duchesse avoit coutume de se rendre. Quelqu'un l'ayant reconnu courut le dire au Grand-Duc. Ce Prince dans l'intention de s'amuser, ordonna à un de ses officiers Russes d'aller joindre dans les allées du bois un homme dont il lui donna le signalement & de le lui amener de gré ou de force ; en cas de résistance de lui jetter un mouchoir au col & de le conduire au château. Le Russe part & rencontre la personne qu'on lui avoit désignée ; il lui demande qui elle est ? Poniatowsky répond qu'il est tailleur allemand, qu'il vient pour prendre mesure à un officier des troupes de Holestein : » J'ai ordre de vous mener chez le Grand-Duc, lui dit le Russe «. Je n'en ai pas le tems, répondit le Polonois : oh vous le prendrez, ajouta hardiment le Russe, en lui jettant au col le fatal mouchoir. Poniatowsky est conduit devant le Grand-Duc comme un malfaiteur. Pierre feint la plus grande surprise, lui fait des excuses, & réprimande l'officier sur sa brutale méprise.

Cette aventure fit tout le bruit que l'on pouvoit s'imaginer. Les ambassadeurs de France & d'Autriche profiterent de l'occasion pour engager l'Impératrice à solliciter le rappel d'un Ministre qui troubloit l'union des deux augustes époux. En effet, il ne tarda pas à recevoir des ordres pour retourner à Varsovie.

Quatre ans après, l'infortuné Pierre III ayant perdu le trône & la vie, le comte Poniatowsky envoya un émissaire en Russie pour savoir s'il ne pourroit pas s'y présenter;

mais malgré toute la bonne volonté que l'on avoit pour lui, malgré le tendre souvenir de tant de momens passés dans les bras de l'amour, Catherine lui fit dire de ne point se montrer, pour ne pas effaroucher les esprits, dont elle n'étoit pas encore assez sûre; qu'au reste on se réservoit de lui prouver, dès que l'occasion s'en présenteroit, l'étendue de l'affection que l'on conservoit pour lui.

Cette occasion se présenta à la mort d'Auguste III. en 1763. Lorsque Catherine en eût reçu la nouvelle, elle fit assembler son Conseil. Bestucheff opina pour laisser à la Pologne la liberté du choix de son Souverain, ajoutant que si la Russie vouloit prendre un parti, elle devoit ne se déclarer en faveur d'aucun Polonois assez puissant pour se soutenir sans l'appui de l'état qui le porteroit; qu'il étoit inutile de faire passer chez l'étranger l'argent de l'entretien des troupes, &c. Tous les autres Ministres se firent un devoir de se ranger à cet avis. Catherine peu satisfaite de cette premiere tentavive, en hasarda une seconde qui ne lui reussit pas mieux. Enfin rebutée de l'opposition qu'elle rencontroit dans son Conseil, elle ne consulta que son cœur, & résolut de placer Poniatowsky sur le trône. Elle envoya en conséquence à Varsovie 3000 hommes à la diete de convocation, le 9 Mai 1764.

Cette premiere diete, dominée par la présence des troupes russes, annonça aux Polonois ce qu'ils avoient à craindre pour l'avenir. La diete d'élection fut aussi violentée que l'avoit été celle de convocation ; Stanislas Auguste ne fut reconnu de sa nation que par la terreur qu'inspiroient les troupes de la Czarine.

Pour prouver, par un seul trait la nullité de l'élection de Stanislas Auguste, il est à propos de dire que par une loi sacrée, établie depuis deux cents ans par Sigismond Auguste, l'élection d'un Roi de Pologne n'est pas censée légitime lorsqu'il se trouve des troupes étrangeres sur les terres de la république. Les ambassadeurs mêmes sont obligés de s'absenter de Varsovie pendant la diete d'élection, sans quoi le grand-Maréchal ne répond pas de leurs personnes. Cette loi a été violée, comme tant d'autres, puisque depuis la diete de convocation jusqu'au moment où nous écrivons, les troupes russes ne sont pas sorties de la Pologne. L'affaire des Dissidens qui a enfin desillé les yeux aux véritables patriotes Polonois, ne fut également qu'un prétexte concerté entre la Czarine & Poniatowsky, afin de mettre plus facilement de nouvelles entraves aux Polonois.

Le nom de Dissidens en Pologne est donné à ceux qui professent une religion différente de la Religion Catholique Romaine. Sous le nom de Diffidens on comprend les Luthériens, les Calvinistes, les Anabaptistes & les Schismatiques. La Czarine prétend qu'en conséquence de la protection qu'elle accorde aux Diffidens, ils doivent jouir de tous les avantages des autres Polonois : tous ces avantages se réduisent à posséder des starosties & quelques dignités dont jouissent les Polonois catholiques : mais pour les posséder, il faut être gentilhomme : & il n'y en a point parmi les Anabaptistes ni chez les Schismatiques Grecs : le nombre de ceux qui le sont parmi les Calvinistes & les Luthériens ne se monte pas à 60. Pourquoi a-t-on rempli l'Europe d'écrits & de clameurs en faveur d'une centaine d'individus ? Pourquoi ? pour satisfaire aux vues ambitieuses de Catherine. On nous objectera peut être le traité d'Oliva, qui donne aux Diffidens les mêmes prérogatives qu'aux Catholiques, mais d'où vient la clause de ce traité n'a t'elle jamais eu de force ? Pourquoi recourir à une seule Puissance étrangere pour porter des plaintes ? quel est le motif secret qui a forcé les gentilhommes Diffidens à ne pas appeller à la garantie de ce traité les Puissances catholiques qui l'avoient signé ? Ces 80 ou 100 Polonois auroient mieux fait de porter leurs griefs aux pieds de Charles XII, lorſque ce Prince diſpoſoit de la Couronne de Pologne, comme des charges de ſa maiſon. Les circonſtances n'étoient plus les mêmes, & la Ruſſie nous faiſoit trembler ; voilà toute la réponſe que les Diſſidens pourroient nous faire. De quelque fineſſe que la Czarine & le Roi, ſon protégé, ſe ſoient ſervis, leur artifice fut trop groſſier pour faire illuſion à la politique actuelle, & à ceux qui dans le tems n'avoient pas intérêt de tenir les yeux fermés ſur les projets de la Ruſſie.

Ces projets ne pouvoient avoir un plein effet qu'en faiſant paſſer en Pologne un grand nombre de troupes, & le ſoulevement prévu des Diſſidens en fourniſſoit le prétexte. N'a-t-on pas vu que les aſſemblées des miniſtres étrangers & de la république ſe tenoient chez le Prince Repnin ? C'étoit donc l'ambaſſadeur d'une Souveraine deſpote qui dictoit des loix à un peuple libre de tems immémorial ! Qu'euſſent dit les Romains, même dans leur décadence, ſi les envoyés d'un Roi des Huns ſe fuſſent préſentés au ſénat pour y preſcrire les volontés de leur maître ?

En élevant ſon favori ſur le trône, l'Impératrice de Ruſſie n'avoit en vue que de ſe faire un rempart de ce royaume, contre La Porte ou la Pruſſe. Elle ſavoit bien qu'un gentilhomme à 40,000 liv. de rentes ne pouvoit se soutenir malgre les 3 millions affectés à la couronne. Il lui importoit donc de le rendre plus puissant, plus absolu que ses prédécesseurs. Parvenue à ce but, elle auroit pû disposer des forces de la République comme des siennes.

Pour mieux y reussir, la Czarine de concert avec Stanislas Auguste, souleva les Dissidens, corrompit & acheta les lâches complices des malheurs de leur patrie : les dietes ne furent plus que des confédérations. Le chef qu'on donna à ces assemblées fut un Prince qui par son ignorance, son ivrognerie & sa brutalité deshonoroit un nom jadis illustre. Il devint un instrument purement passif entre le mains du Roi Poniatowsky & de Repnin. Ce n'etoit plus un Marechal de confedération, dont le pouvoir egal à celui des dictateurs de l'ancienne Rome, disposoit de la vie & de la liberté, à qui le Roi lui-même étoit forcé de déférer en tout ; qui pouvoit faire chanceler son Souverain sur le trône & même l'en faire descendre : c'étoit un homme vendu aux volontés de la Russie, dépouillé de ses biens, qu'il cherchoit à recouvrer à force de complaisances. Ce Maréchal a l'impéritie de souffrir l'enlevement de trois Sénateurs citoyens, au milieu de la diete, sous les yeux du Roi. Cette violence exercée par un colonel Ruſſe dans Varſovie même, devient un faiſceau de lumieres qui enflamme les cœurs Polonois. Le premier Miniſtre de la Republique ſe démet de toutes ſes charges, pour que la poſtérité ne puiſſe l'accuſer d'avoir trempé dans ces atroces complots. Cette démarche généreuſe & patriotique eſt le ſignal des confédérations.

La Porte ſortant comme d'un long ſommeil déclara la guerre à la Ruſſie, mais il étoit trop tard. Il falloit que la France fut bien mal ſervie à Conſtantinople pour avoir laiſſé durer l'aveuglement du Divan autant de temps qu'il en falloit aux Ruſſes pour ſe préparer à la guerre, & mettre à profit les leçons que Fréderic leur avoit données avant la paix de 1763. En effet, on ne peut déſavouer l'influence de la cour de Verſailles ſur celle de La Porte ottomane. Pourquoi n'en fit-elle pas plutôt uſage? on l'ignore, mais il paroît certain que ſi le Turc eût déclaré la guerre trois ans plutôt, la Pologne étoit ſauvée.

Que les cabinets du midi de l'Europe ſe rappellent combien les princes Germains ont fait d'efforts pour empêcher autrefois le Czar Pierre I de former un établiſſement en Allemagne. Ils prévoyoient avec raiſon que cette puiſſance voudroit ſe mêler un peu plutôt, un peu plus tard des affaires de l'empire, où ses forces accrues n'auroient pas manqué de lui procurer une influence dangereuse au repos de l'Europe. Ils sentirent dès-lors la nécessité de laisser les Russes porter ailleurs que dans le nord de l'Allemagne les vues ambitieuses que pourroient avoir un jour leurs souverains.

Cependant par la réunion de plusieurs circonstances qui n'avoient pas été prévues par les maisons de Bourbon & d'Autriche, les Russes ont eu part directement ou indirectement aux guerres qui ont affligé l'Europe depuis 1733 jusqu'a nos jours. Le Rhin les vit avec surprise sur ses bords en 1735. La premiere colonne de leur armée étoit déjà sous les murs de Nuremberg lorsque l'on signa les préliminaires à Aix-la-Chapelle en 1748. Les événemens des deux dernieres guerres sont trop récens pour que nous croyons devoir les rappeller ici. Que nos lecteurs considérent seulement la prodigieuse influence que la Russie vient d'acquérir par cette fausse intrigue connue sous le nom de neutralité armée : neutralité qui pourroit être funeste au cabinet inventeur de cette négociation bizarre. Comment les auteurs de ce fantastique projet n'ont-ils pas senti que l'existence de cette prétendue neutralité n'auroit de durée qu'autant que les succès des

Américains

Américains & de leurs alliés, ou ceux de l'Angleterre elle-même, n'acquerroient pas un poids assez considérable pour faire pencher la balance, & allarmer les puissances prétendues neutres? Il en est de cette neutralité comme de celle que garda si long-temps la Hollande lorsque les Anglois avoient des guerres avec quelque autre puissance du continent. Ces républicains étoient plus dangereux neutres, qu'ennemis déclarés : car tandis qu'ils conservoient extérieurement toutes les apparences de la neutralité, leur or passoit en Angleterre, pour faciliter les entreprises de ces anciens amis. Revenons à la Russie.

Oserions nous demander aux ministres des souverains de l'Europe pourquoi les Russes, depuis leur impératrice Anne, sont toujours entrés dans les demêlés intérieurs de notre continent : eux qu'on en avoit voulu écarter dès le regne de Pierre? Les intérêts des princes n'ont pas varié sur ce point; pourquoi leur politique est elle différente? le developpement de notre principe incontestable qu'on devroit circonscrire la Russie dans ses anciennes limites, exige que nous mettions sous les yeux de nos lecteurs la situation actuelle de cette puissance & le caractere des hommes qui la gouvernent : ce detail conduira aux moyens de poser les

B

bornes naturelles de l'empire Russe, bien moins redoutable qu'il n'a été représenté dans les éloges salariés dont Voltaire, tant qu'il a vécu, n'a cessé d'accabler la célebre Catherine II.

Si la grandeur d'un empire constituoit toujours sa force politique, celui de Russie seroit sans contredit le premier de l'Europe; mais comme il s'en faut infiniment que sa population, sa fertilité, son commerce soient en proportion avec sa vaste étendue, nous avançons sans crainte qu'il faut encore une grande succession de siecles avant que les souverains de toutes les Russies approchent du niveau des puissances que l'on range dans le premier ordre.

Tout ce qu'on a dit ou écrit sur cet empire ressemble un peu aux contes des fées, sans excepter l'ouvrage de l'abbé Chappe, qui a fait un nivellement de ce pays en courant la poste de Paris à Tobolsk. Un voyageur attentif est fort étonné lorsqu'il arrive en Russie, de ne reconnoître aucun des tableaux qui ont attiré sa curiosité. Pétersbourg est la seule ville qui ait quelques monuments capables d'en imposer sur la grandeur de l'empire. N'allez cependant pas croire qu'elle puisse soutenir la comparaison des villes de Londres, de Paris, ni même de Berlin. L'opulence n'est que chez les grands;

le bourgeois y est peu aisé ; le peuple est serf, & le commerçant en général peu riche. Cette opulence precaire dont jouit Pétersbourg ne se soutient qu'aux dépens des provinces, où les seigneurs écrasent leurs esclaves pour subvenir aux dépens du luxe qui entoure le trône de la Czarine.

Cette princesse a la réputation d'avoir de la grandeur & de l'élévation dans l'ame, des vues sages pour une administration intérieure. Sa tournure d'esprit est agréable & mêlée d'un penchant secret à la plaisanterie : le ton de persiflage qui regne à la cour a introduit la mode de traiter les affaires les plus importantes avec légéreté. Quiconque n'a pas en partage le talent de railler finement ne plait guere à cette souveraine.

L'impératrice se mêle peu de politique. Ses ministres font tout, & sont plus puissants que jamais, depuis qu'ils ne sont plus choisis parmi les favoris.... Catherine II est naturellement bonne, & disgracie très difficilement ceux qui ont eu sa confiance. On prétend que c'est timidité en elle, qu'elle craint d'éprouver le sort de Pierre III, son époux, ce qui ne nous paroît pas fondé. La Czarine n'aime pas la France : on lui a donné les plus fausses idées sur cette puissance, » qu'elle » regarde comme sur son déclin, & prête à » rentrer dans la classe des puissances du

» second ordre «. On pourroit aisément conclure de-là que cette princesse n'est pas fort instruite des ressources physiques & politiques de la France. Elle est vaine au point de se compter comme le premier potentat de l'Europe. Après la Russie, elle met modestement la maison d'Autriche, l'Angleterre & la Prusse. On peut soupçonner que cette vanité s'est accrue au traité de Teschen, où son plénipotentiaire a obtenu l'égalité de signature avec celui de la cour de Versailles. On la verra sans doute se prévaloir de ce titre pour faire obtenir à ses ministres dans les cours étrangeres le pas sur ceux des autres puissances.

Le comte de Panin, qui a conduit longtemps le timon politique de Saint-Pétersbourg, avoit pour seul mérite une grande habitude des affaires : son indolence laissoit tout languir dans son département. L'ascendant qu'il avoit pris sur l'impératrice tenoit plus à la crainte qu'à l'amitié qu'elle lui portoit. Sa disgrace a eu pour motif ses liaisons avec le grand Duc. Ce ministre accueilloit les faiseurs de projets ; mais il n'avoit pas l'ame assez élevée ni assez ferme pour mettre à exécution les plans qu'ils lui fournissoient. Sa crédulité étoit extrême ainsi que sa timidité : ce caractere étoit peu propre à gouverner un empire qui ne peut se mouvoir que par de grandes secousses : ce fut lui qui imagina la neutralité armée, sans aucun plan, pour en tirer parti ou pour la dissoudre quand il en seroit temps. Il voulut donner une extension au commerce de Russie, avec des connoissances très-superficielles des ressources de cet empire.

Le parti anglois reprit faveur à Pétersbourg, & renversa en peu de temps les projets du comte de Panin. Le prince Orlow eut alors plusieurs conférences secretes avec l'impératrice; il y plaida vivement la cause de l'Angleterre, & s'efforça de démontrer les avantages que la Russie retireroit de son commerce avec la Grande-Bretagne. Potemkin, d'intelligence avec le prince Orlow, tint le même langage à sa souveraine, & l'or que prodigua le chevalier Harris, fit le reste. On conseilla au comte de Panin d'aller dans ses terres pour y rétablir sa santé. On lui laissa ses pensions & l'espoir de rentrer dans le conseil. La retraite de ce ministre n'a été blâmée que par le grand-Duc & ceux de son parti.

Le prince Potemkin, après avoir été le favori de sa souveraine, en étoit devenu le ministre. On récompensa ses services avec le département de la guerre. C'est un génie vif, ambitieux, beaucoup d'esprit sur-tout, mais non celui des affaires. Il s'exprime avec facilité, a le travail aisé, & seroit capable de grandes choses, s'il vouloit s'appliquer Mais la table, le jeu, les femmes absorbent tout son temps. Deux fois il a été près de sa chûte, deux fois il a bravé la cabale & surmonté l'intrigue. Sa fermeté a forcé Catherine II à lui rendre sa confiance. Pour montrer combien il est adroit dans les moyens qu'il emploie pour conserver sa faveur, nous ne citerons que celui-ci. L'impératrice lui reprochant sa vie dissipée, ses veilles, son inapplication, il répondit sur le champ : » Quand votre Majesté dort, Potemkin » veille à votre sûreté, à votre conserva- » tion; craignez, ajouta t-il, ceux qui vous » font de semblables rapports «.

On assure que l'impératrice, enchantée de cette réponse, embrassa Potemkin, & lui promit de ne jamais écouter ce que ses ennemis pourroient dire contre lui à l'avenir. Depuis ce moment il n'a cessé de jouir de la plus haute faveur. Au reste, peu aimé des grands & de l'héritier présomptif; le militaire seul a quelque attachement pour ce ministre qui lui accorde tout. On le croit très-jaloux des droits de sa place. Aucun ministre n'ose s'immiscer dans les affaires de son département. Il exige qu'on s'adresse à lui seul pour avoir des graces : toute recommandation de ses collegues ne réussiroit pas. Potemkin n'aimant ni la France ni le roi de Prusse, s'est livré entiérement à l'Angleterre, qui fournit aux excessives dépenses de ce favori ; car on dit hautement à Pétersbourg que son revenu ne suffiroit pas pour entretenir le fastueux étalage dont il est environné.

Le comte d'Osterman, créature de Potemkin, est fils de cet infortuné & célebre comte d'Osterman, qui essuya tous les revers qu'on peut éprouver dans les cours. Le nouveau vice-chancelier est en tout subordonné à son protecteur. Entendant très-peu la partie politique, & n'ayant que de fausses vues d'agrandissement du côté de l'Asie & de la Turquie ; élevé comme ses collegues dans la haine contre la France, il pense qu'il faut laisser cette monarchie s'épuiser dans la guerre contre les Anglois, afin de la mettre dans l'impuissance de se mêler désormais des affaires du Nord. Il assure que dans deux ans au plus, la cour de Versailles sera hors d'état de continuer la guerre par mer, & encore plus d'en faire une sur le continent. Ce trait seul prouve l'absurdité, l'ignorance & la fausseté des principes de ces hommes d'état, qui ne voyant rien au dessus du trône de Moscovie, s'imaginent être les plus grands ministres auprès de la plus formidable puissance de la terre. Ce grand chancelier a cru détruire le commerce de la France & de la Hollande en encourageant la cour de Vienne à poursuivre l'ouverture de l'Escaut, à condition que cette derniere faciliteroit l'établissement de la mer Noire que la Russie a tant à cœur de fonder, c'est le chevalier Harris qui lui a donné des leçons si instructives sur la situation de la France, & qui lui a indiqué les moyens qu'auroient à mettre en usage la cour de Vienne & celle de Pétersbourg pour réussir dans ce chimérique projet. On avoit entamé avec S. M. I. des négociations qui étoient déjà fort avancées, mais l'Angleterre n'a pas trouvé son compte à les suivre.

Pour compléter le tableau que nous avons tracé des divers personnages qui partagent le poids du gouvernement Russe, jettons un rapide coup-d'œil sur les finances, le commerce & les revenus de cette puissance.

Le chevalier Harris, cet oracle du parti anti-françois à Pétersbourg, ce ministre du roi d'Angleterre avoue lui-même que l'argent que le seul Turc a donné à la Russie pour conclure le traité de Fozziani, a fourni jusqu'en 1778 ce qui manquoit au trésor impérial pour que le revenu fût à peu près égal à la dépense. Depuis & avant cette époque, il s'en faut de deux millions cinq cent mille roubles que la dépense ait été en proportion avec la recette. L'insurrection de l'Amérique & la guerre qui en a résulté entre la France & l'Angleterre, a fait doubler les droits que perçoit la Russie sur l'exportation & l'importation des matieres commerçables. C'est donc environ un million & demi de roubles qu'elle a retiré pendant quatre ou cinq ans. Mais cela ne balance pas, à beaucoup près, les frais des armements énormes qu'elle n'a cessé de faire depuis les troubles de Pologne. Les provinces de ce royaume échues à la Russie dans l'odieux partage de cette république, ont coûté jusqu'à présent bien au-delà de ce qu'elles pourront même rapporter au fisc dans un long espace de temps.

Le gouvernement de Moscow prend aussi une grande partie de l'argent que la cour de Pétersbourg ne cesse d'envoyer pour tenir les esprits dans un état d'assoupissement étranger au caractere de ces peuples. On peut en dire autant des provinces éloignées du centre de l'empire. De-là les emprunts dans l'étranger & les autres expédients que, depuis long-temps, les souverains ont mis en usage pour se procurer des fonds. Ceux de la Russie n'offrant pas de bien grandes ressources, elle est forcée de revenir plus souvent à ces sortes d'expedients qui doivent un peu plutôt, un peu plus tard lui faire éprouver l'indigence. Aussi regarde-t-on aujourd'hui la guerre avec La Porte, comme une ſpéculation de finance avantageuſe ; & tout ce que l'on médite contre les Ottomans n'a pour objet que de leur arracher de nouvelles contributions par leſquelles on leur fera acheter la paix.

Les revenus les plus clairs de l'impératrice de toutes les Ruſſies, ſont les douanes, les péages & les poſtes. Les eſclaves ou hommes appartenant à la couronne doivent, en outre, chacun environ deux roubles & demi ; mais cet impôt eſt très-peu de choſe, vu le peu de proportion qu'il y a dans cet état entre la population & l'étendue des terreins. D'ailleurs, les grands boyards ou ſeigneurs de fiefs ont auſſi en propre les hommes qui ſe trouvent ſur leurs terres, & ceux-là ne paient rien au ſouverain. Il eſt facile de comprendre que le nombre de ces ſerfs attachés à la glebe eſt bien plus conſidérable que celui des ſerfs relevant des domaines de la couronne. La Ruſſie, imitant en cela la plupart des gouvernements Européens, ſurcharge les négociants d'un nombre infini de formes auxquelles il faut qu'ils aſſerviſſent leurs ſpéculations : de cette gêne découle la crainte qu'ont les commerçans de riſquer de fortes exportations, ou de recevoir des importations un peu conſidérables.

Il réſulte de cet expoſé véridique une

incertitude constante sur les revenus de l'empire de Russie. 1°. L'imposition des provinces est sujette à des non-valeurs qu'on ne peut ni empêcher ni prévoir, & qui ont pour cause les climats dans lesquels sont situées tant de vastes possessions. 2°. L'impossibilité de se faire obéir à des distances si éloignées, & la constitution physique de chaque province particuliere, rendent les détails d'administration très-difficiles à suivre, & l'effet des dispositions suprêmes très-incertain : les loix qui sont bonnes pour la province d'Astracan, ne conviennent point dans la Livonie, &c.

Cette cour n'a donc pu former un systême de finance suivi & permanent, encore moins fixer précisément le montant de ses revenus. Nous osons même avancer que le spéculateur politique le plus exercé, n'en pourra retirer de long-temps un résultat satisfaisant, capable d'éclairer sur ce point & l'Europe & les Russes eux-mêmes.

Le militaire, en Russie, est actuellement non pas aussi méconnu, mais plus négligé que les finances. Les derniers succès de cette nation avec les Turcs ont tellement enflé d'orgueil les Russes, qu'ils se croyent invincibles. Le soldat Russe est audacieux, infatigable, dur ; il affronte le danger & la mort avec intrépidité. La religion, des mœurs totalement différentes de celles des autres contrées de l'Europe, y rendent la désertion beaucoup plus rare que parmi nos troupes stipendiaires. Mais il ne s'y trouve pas de bons officiers ; il est assez ordinaire de voir ceux-ci quitter leurs rangs, & s'éloigner à cinq cents pas lorsqu'il faut combattre. Ils n'ont même aucun principe de tactique ; on fait faire quelques exercices aux troupes russes, mais point de grandes manœuvres. Le prince Potemkin, qui est à la tête du département de la guerre, connoît & avoue le foible des armées russes, aussi ne s'occupe-t-il que de faire la guerre aux Asiatiques ; il sent mieux que personne la supériorité que les troupes européennes auroient sur les Russes. Cette considération retiendra la Russie, & l'empêchera de songer à la guerre d'Allemagne. Le prince Potemkin n'a favorisé l'intimité actuelle des cours de Vienne & de Pétersbourg, qu'on pourroit dire son ouvrage, que pour éluder le secours que le roi de Prusse seroit en droit de demander en cas d'événement. D'ailleurs ce ministre favori ne pardonne pas au monarque Prussien les intrigues de ce dernier à la cour de Russie pour le faire disgracier, & c'est à cette haine sourde que l'on doit attribuer l'attachement qu'il a témoigné pour les cabinets de Vienne & de Londres.

Osons déclarer à l'immortelle Catherine II, que si les circonstances l'engageoient dans une guerre d'Allemagne, elle pourroit payer cher la négligence avec laquelle on a conduit son militaire depuis sa paix avec le Sultan. Cette dégradation l'obligeroit de prendre à sa solde des officiers étrangers pour forcer les troupes à marcher au combat. On doute avec raison, que des troupes commandées par des hommes sans intérêt pour la cause qu'ils soutiennent, fussent en état de faire face à un ennemi un peu habile. Elle reconnoîtroit alors que le Russe est entre les mains de ses généraux un être passif, qui, par préjugé ou patriotisme, sait se faire tuer, mais qu'il n'est pas capable d'exécuter ces manœuvres savantes qui fixent aujourd'hui la victoire, & font les destins d'un empire.

Les Russes sont aussi peu avancés dans la tactique navale que dans celle de terre. La marine de cet empire créé par Pierre I, s'est anéantie avec le regne de ce grand homme. Catherine II s'est efforcée de lui donner une nouvelle existence. Elle y employa tous ses soins après qu'elle fut affermie sur le trône de son époux. Malgré toutes ses tentatives & ses efforts, elle n'a pas encore réussi.

Le prince Orlow nous a assuré que lorsque son frere fut nommé amiral de la flotte qui devoit aller dans l'Archipel, il n'avoit jamais vu un vaisseau de guerre. Mais ajouta-t-il, notre souveraine a le don de créer des généraux & des amiraux, comme Dieu par sa toute-puissance créa le ciel & la terre...

Ce qui s'oppose à la formation d'une marine militaire en Russie, c'est que les bois de construction propres à ces grandes masses qu'on nomme vaisseaux de ligne y sont fort rares. On a essayé, il n'y a pas long-temps, de construire de grands vaisseaux en bois de sapin. Nous ignorons le succès de cette entreprise : nous dirons seulement d'après le le même prince Orlow, qu'il a fait construire pour son compte quelques vaisseaux de 3 à 400 tonneaux, de ce même bois de sapin, mais il doute que cette découverte soit utile à la marine royale. Ce prince très-zélé pour augmenter la gloire de la Czarine a tenté de lui procurer une marine respectable, mais en vain. » L'état, dit il, est trop obéré pour » acheter de la Suede & du Danemarck les » bois qui nous manquent... On ne peut, » ajouta-t-il, puiser dans les fonds d'un dé» partement pour les verser dans un autre, » sans s'exposer à de plus grands maux que » celui de manquer d'une marine militaire » dont on peut se passer «.

En effet nous ne pensons pas que la Russie conçoive de si-tôt le desir de faire face aux marines d'Angleterre, de France ou d'Eſpagne. Son peu de commerce & la mauvaiſe foi de ceux qui le font en Ruſſie, feront des difficultés difficiles à ſurmonter. Tant que les grands propriétaires, ſeuls poſſeſſeurs des matieres premieres qui font l'objet du commerce de ces pays éloignés, préféreront de paſſer des contracts avec les marchands Anglois à qui ils livrent leurs productions, & qu'ils ne feront pas des entrepriſes particulieres, combinées avec les intérêts de l'État, la Ruſſie ne peut prétendre à une grande extenſion de commerce. Tout ſe borne donc pour cette puiſſance à avoir 25 à 30 vaiſſeaux de ligne, & quelques frégates capables de protéger ſon commerce ſur la Baltique, & celui qu'elle veut entreprendre dans la mer Noire. Il ne faut pas inférer de ce que la Ruſſie a augmenté ſon commerce depuis la guerre de la France avec les Anglois, que cette augmentation ira en croiſſant. Ces avantages ſont précaires, & ne tiennent qu'à la durée de la guerre préſente. Il ne reſtera alors à la Ruſſie que d'aller mettre de nouveau le Turc à contribution, en attendant que la prophétie paradoxale de J. J. Rouſſeau s'accompliſſe (1).

---

(1) Cet auteur a predit que l'Europe feroit ſubjuguée par les Ruſſes plutôt qu'on ne le croyoit.

Le cabinet de Pétersbourg n'a pas eu de systême stable de politique depuis l'avénement de Catherine II au trône de Russie. Ses ministres se sont conduits du jour au jour comme dans le plus grand nombre des autres cabinets de l'Europe. On commence à convenir tout haut que la guerre contre les confédérés de Pologne & le partage qui s'en est suivi, sont deux fautes énormes qu'on reconnoît pour telles aujourd'hui; mais que la souveraine & ses ministres sont honteux d'avouer en public. Quant aux succès des Russes contre La Porte, on ne sauroit disconvenir qu'ils sont, en grande partie, dûs au hasard, & sans la révolution arrivée dans le ministere de France en 1770, jamais la Russie ne se seroit tirée du mauvais pas dans lequel elle s'étoit engagée.

Les ministres, les courtisans ont tant répété à l'illustre Catherine qu'elle seroit désormais l'arbitre de la paix & de la guerre en Europe, que cette princesse l'a cru. Le traité de Teschen l'a confirmée dans cette opinion, & n'a pas peu contribué à lui faire croire à la nécessité de la confédération armée. La gloire d'avoir fait poser les armes à l'Empereur & au Roi de Prusse ne lui a pas laissé douter un moment que l'on respecteroit son pavillon neutre. Si, par hasard, une puissance belligérante s'avisoit de visiter ſes vaiſſeaux, & que la Ruſſie ſe déclarât contre l'agreſſeur, nous ſerions curieux de ſavoir où l'inventeur de la neutralité armée prendroit des vaiſſeaux de guerre, des matelots, des amiraux & de l'argent pour faire reſpecter le pavillon de ſa ſouveraine !

Il n'en eſt pas de même à l'égard de la Pruſſe ; le grand homme qui la gouverne depuis un demi-ſiecle, a imprimé à toutes les parties de l'adminiſtration qui dirige ſes poſſeſſions morcelées, un mouvement de rapidité qui fait évanouir les diſtances. Un jugement prompt, un coup-d'œil sûr, l'eſprit juſte & orné, ſont les qualités qui diſtingueront ce monarque de la foule des rois dont l'hiſtoire garde le ſouvenir. S'il n'eût pas été le plus grand tactiticien de ſon ſiecle, il en eût été le meilleur politique. Avec tant de talents, il étoit impoſſible que Fréderic ne fondât pas cette énorme puiſſance, l'étonnement de l'Europe, préparée par l'économie de ſes prédéceſſeurs. Ses peuples ne ſont pas enclins aux révoltes fréquentes, dont la Ruſſie a été ſouvent le théatre. Cette tranquillité intérieure donna tout le temps à Fréderic de profiter habilement des fautes de ſes deux puiſſants voiſins, l'Autriche & la Ruſſie. Nous avons vu le roi de Pruſſe éclairer de très-près toutes les démarches du Czar Pierre III, le diriger dans toutes ſes actions, lui faire adopter sa politique & ses projets, & en même temps ne cesser d'intriguer auprès de Catherine pour se ménager son alliance, ne doutant peut-être pas du sort que se préparoit Pierre III, par les changements introduits dans toutes les parties constitutionnelles de son empire; changements faits pour aliéner tous les ordres de l'état, très-attachés à leurs anciens usages. Lorsque la mort du Czar plaça Catherine sur son trône, Fréderic n'oublia rien pour faire réussir son plan auprès de cette souveraine. Dès qu'il fut assuré de l'ascendant qu'il avoit acquis à la cour de Pétersbourg, il fit des ouvertures au cabinet de Vienne. L'impératrice reine balança long-temps, mais l'éloquence persuasive du héros Prussien gagna l'empereur. Après l'entrevue de ces deux princes, le systême politique de l'Autriche changea sur le champ, & l'alliance de la France fut abandonnée; c'étoit tout naturel. Elle n'offroit pas des provinces comme celle du roi de Prusse : on vit alors ce dernier sortir de derriere le rideau dont il s'étoit couvert dans les affaires de Pologne : les manifestes des trois cours parurent en même temps, & le sort de ce royaume fixé de longue main, ne fut plus un problême pour le public.

La France, l'Angleterre, la Suede & le Danemarck auroient dû se réunir pour empêcher cet indigne partage ; mais soit aveuglement ou crainte, ils laisserent effectuer à trois puissances dont ces dernieres doivent tout redouter, les projets combinés avec tant de soin par l'adroit Fréderic. Ce prince accoutumé à gouverner l'Europe du fond de son cabinet ne trouva pas beaucoup de difficulté à faire consentir celui de Vienne à laisser paisiblement la Russie préparer le démembrement de la Pologne, dont il vouloit profiter. Tandis qu'il ne cessoit de négocier une alliance avec la cour de Versailles, il employoit tous ses efforts, pour empêcher le chef de l'empire d'en conclure une semblable avec la même cour. Ce manege adroit lui réussit d'autant mieux, qu'il flattoit l'empereur, & lui faisoit espérer des provinces considérables qui alloient se joindre à ses autres domaines. Mais lorsque le Roi de Prusse vit que la maison d'Autriche vouloit s'emparer de la succession de Baviere, il arrêta les progrès de la cour de Vienne en se déclarant le protecteur des princes de l'empire, & en la menaçant d'une alliance avec la France. C'est ainsi que cet habile politique a sû profiter des dissensions des autres princes depuis son avénement au trône. Les changements de ses alliances faites & rompues à propos, lui ont plus servi que ses victoires militaires. Et nous oserions avancer que si la durée de son regne n'eſt abrégée par les accidens qui arrêtent le cours ordinaire de la vie des hommes, on le verra ſoulever la Pologne & la Turquie, afin de détourner Joſeph II des tentatives qu'il médite depuis long-temps dans la baſſe Allemagne. Il eſt aiſé de conclure de ce que nous avons expoſé juſqu'à préſent, que l'ambition de la Ruſſie & la fine politique du monarque Pruſſien ont pétri le levain des guerres continuelles dont l'Europe ſera la victime, ſi le projet de notre haut-pouvoir conſervateur ne vient mettre un frein ſalutaire à l'envie que pluſieurs ſouverains ont manifeſtée de donner à leur puiſſance un dégré d'accroiſſement dangereux au bonheur de l'humanité.

Mais avant que d'expoſer ce plan judicieux & philoſophique, nous croyons devoir dire un mot de l'Angleterre & des changements politiques que la ſciſſion de ſes colonies a dû opérer dans les différentes cours de l'Europe : la liaiſon de notre ouvrage nous amenant inſenſiblement à parler de nouveaux projets qu'on ſuppoſe à la France & à l'Eſpagne, nous enviſagerons un moment les forces reſpectives de ces grandes monarchies, & nous ſerions bien récompenſés de nos travaux ſi en leur laiſſant entrevoir quelle devroit être leur politique naturelle, nous pouvions leur persuader de se lier pour jamais à l'Autriche & à la Prusse, seul moyen capable d'éteindre le flambeau de la discorde, de réunir des souverains qui doivent enfin se regarder comme des freres conduisant diverses branches d'une même famille, & assurer pour toujours le repos des Princes du second ordre, prêts à s'allarmer (non sans sujets) au moindre mouvement de leurs puissants voisins.

L'Angleterre doit à sa position physique peut être plus qu'à la constitution singuliere de son gouvernement. La nature a destiné cette isle célebre à être la premiere puissance maritime & commerçante. Les soins du ministere anglois pour protéger ces deux sources de la richesse nationale n'ont jamais été en défaut depuis le regne glorieux de leur Reine Elisabeth, mais c'est à ce fameux acte de navigation passé sous l'usurpateur Cronwel que les Anglois sont redevables des succès prodigieux que cette nation n'a cessé d'avoir sur la mer contre ses ennemis naturels, ou les envieux de ses prospérités. Mais les révolutions politiques ont un terme, où semblables aux caresses de la fortune, elles cessent de nous être favorables. Ces révolutions ont comme les astres qui roulent sur nos têtes, leur déclinaison : un habile calculateur politique peut prédire avec une ſorte de vraiſemblance la durée de grandeur que tel mouvement donnera à tel ou tel empire, & tirer une conſéquence juſte des événemens paſſés pour juger de ceux qui doivent arriver. Nous pourrions prouver la vérité de cette réflexion par une foule de faits dont l'hiſtoire nous offre le tableau à chaque pas. Mais quel beſoin avons nous d'aller chercher dans les ruines de Tyr ou de Carthage, un exemple que l'Angleterre va nous fournir un peu plutôt ou un peu plus tard.

La faute impardonnable de l'Angleterre au ſujet des colonies Américaines hâtera la déclinaiſon de cette puiſſance; & l'on ne peut douter que celles qui aujourd'hui aident les colons ſeptentrionaux à ſecouer le joug d'une patrie marâtre, ne ſubiſſent un jour le ſort des Anglois. Nous ne pouvons blâmer entiérement les démarches de quelques cours de l'Europe pour donner plus d'extenſion au commerce dont leur ſituation reſpective eſt ſuſceptible; mais que ces Princes croyent arracher totalement celui de l'Angleterre, & puiſſent ſe l'approprier, c'eſt l'erreur la plus grande où ſoient tombés les Souverains depuis la révolution de l'Amérique. Tous ne ſont pas placés de maniere à faire un grand commerce; ils doivent donc ſe borner à celui que la nature ſemble leur avoir prefcrir. C'eſt un bien général ſans doute, d'enlever aux fiers Bretons la ſupériorité qu'ils ont affecté d'avoir ſur les mers, mais il ne s'enſuit pas que toutes les puiſſan ces deviennent maritimes, & c'eſt pourtant à quoi tendent aujourd'hui tous les cabinets de l'Europe. La France eſt la ſeule monarchie du premier rang qui, malgré une rivalité de plus de huit ſiecles avec l'Angleterre, auroit été & pourroit être une puiſſance à la fois militaire & commerçante, quoique notre opinion. (ſi nous oſons la haſarder) ſoit que ce dernier gouvernement lui conviendroit mieux. Quelle ſera donc la ſuite de ce déchaînement preſque univerſel que la cour de Verſailles avoit ſi adroitement inſpiré à l'Europe au commencement des diſcuſſions de l'Amérique avec l'Angleterre? Les ennemis, des Maiſons de Bourbon auroient-ils été fondés à ſuppoſer que leur deſſein étoit de ſe rendre maîtres des colonies angloiſes, quand elles auroient forcé l'Angleterre à reconnoître leur indépendance? Nous avons de fortes raiſons pour douter de cette aſſertion. La France avoit de longues injures à venger, des humiliations à faire oublier, & ſi la ruſe a eu autant de part à la révolte des Américains, que l'eſprit de liberté dont ces colons avoient reçu le germe de leurs ancêtres, ou la ſucceſſion des tems qui doit amener de semblables epoques, quand on voudroit même insinuer que la cour de France a seule instigué cette insurrection ; qu'en devroit on conclure, sinon que l'Angleterre même a donné mille fois l'exemple funeste de tomber sur son ennemi avant qu'il puisse être en état de defense? Quoi! les Anglois auroient seuls le privilege inique de violer les traités, d'insulter aux droits des nations, de s'emparer des flottes & des matelots de la France avant de déclarer de guerre, & cette puissance seroit blamée d'avoir une fois employé les moyens dont ses éternels ennemis ont fait si souvent usage pour l'accabler! Nous ne prétendons pas cependant approuver en tout les panégyristes de la France, ni les suivre dans leurs memoires mal digérés. Cette cour a sans doute poussé trop loin ses vues politiques. Après avoir réussi à désunir les colonies angloises avec leur métropole, elle devoit laisser la cour de Londres s'épuiser par ses propres efforts. L'Espagne trop tardive à suivre les impulsions du ministere François n'est entré qu'à regret dans une querelle, dont la suite peut lui coûter ses propres colonies. N'est-il pas même vraisemblable qu'aucune puissance de l'Europe ne conservera les siennes qu'autant de tems qu'il en faut pour conduire à leur maturité les projets

jets que la révolution actuelle ne manquera pas d'inspirer à tous les colons du nouveau monde? Qui profitera donc des trésors que la France, l'Espagne & l'Angleterre auront prodigué les unes pour asservir les colonies, les autres sous le prétexte de les délivrer des mains de leurs oppresseurs? Qui? l'Amérique: oui, l'Amérique seule: verité que nous allons tâcher de rendre incontestable.

Quand le congrès aura consommé son independance & conduit son ouvrage au degré de splendeur & de solidité que ses admirateurs supposent, la nouvelle republique, formée par ses soins se sera peuplée, aggrandie, fortifiée, enrichie aux depens de l'Europe en général, & en particulier des nations commerçantes de cette partie de la terre. Chaque degré de prospérité des Américains sera un coup porté à celle des peuples dont ils seront les rivaux. Le principe de leur existence est un sacrifice que les Puissances europeennes s'efforcent de les aider a arracher à la Grande-Bretagne. Ces mêmes Puissances, c'est-à dire, la France, l'Espagne, la Hollande, &c. contribueront, malgré elles, à l'accroissement de la force des *Etats unis*, aux dépens de leur population & de leurs colonies. Le congrès fera la conquête un peu plutôt ou un peu plus tard, des établissemens européens dans les Indes occidentales & dans l'Amérique méridionale, ou les associera à sa confédération. Que les Princes de l'Europe réfléchissent à l'étendue de cet empire; à son éloignement des Puissances capables de lui en imposer. Ses ressources immenses dans ce degré d'élévation; l'impossibilité de le contrarier dans ses desseins, ne mettroient d'autres bornes à ses entreprises, que celles de son ambition. Maître du continent de l'Amérique, comme de toutes les mers qui l'entourent & des Isles qui l'avoisinent, il y fera la loi aux Européens, ou les en expulsera. Toutes les forces réunies de l'Europe ne seroient pas suffisantes pour le contenir dans ces parages éloignés. On comprend comment l'état naissant de l'Amérique septentrionale s'éleveroit insensiblement sur les débris des cinq principales nations maritimes de l'Europe, en leur enlevant leurs possessions dans le nouveau monde & les richesses qu'elles en tirent. Dominateur de la mer du Nord, il s'approprieroit la pêche lucrative de *Terre-Neuve*. Sa proximité de l'Afrique lui inspireroit bientôt le desir de s'emparer du commerce qu'y font les Européens, d'autant plus facilement que c'est l'Amérique & ses Isles qui servent de base à ce commerce, en consommant l'affreuse denrée qu'on va chercher à la côte de Guinée. Il ne tarderoit pas à pénétrer jusqu'aux Indes orientales; & qui sait s'il n'auroit pas la hardiesse de s'en ouvrir le chemin à travers *l'isthme de Panama*, comme on suppose à l'empereur d'Allemagne l'intention de s'y faire une ouverture par celui de Suez, & à l'Impératrice de Russie par la mer Caspienne?

Mais avant qu'il se livrât à de si vastes, à de si hardis projets, il s'écouleroit bien des années, & il s'opéreroit bien des révolutions, qui ne seroient pas moins funestes aux états maritimes de l'Europe que celles qui se sont préparées depuis un siecle, & se prépareront encore. La puissance de l'empire américain reposera sur l'affoiblissement des peuples de l'Europe qui soutiennent des relations avec lui, ou dont la maniere d'être & les opérations ont des rapports avec les siennes. Si c'est aux dépens de l'Angleterre qu'il reçoit la naissance; ce sera aux dépens de cette nation & de ses rivales qu'il recevra des accroissemens. Sa force s'alimentera de leurs pertes, & l'édifice de sa prospérité sera cimenté avec leurs privations. Toutes les richesses qu'il ne tirera pas de son propre fonds, c'est-à-dire de la culture de son territoire, de l'exploitation de ses mines & de ses forêts, lui viendront de l'Europe, ou des sources qui appartiennent aujourd'hui aux Européens : par conséquent, c'est à leur détriment qu'il les acquerra. Les productions que notre luxe a rendues nécessaires, telles que le *sucre*, le *caffé*, *l'indigo*, le *tabac*, ne se cultiveront avec succès sous la domination du sénat de *Philadelphie*, que pour mettre tous les peuples de l'Europe à contribution. De propriétaires que ceux-ci ont été du sol qui produit ces superfluités, ils en deviendront les tributaires. Il ne faut pas croire qu'ils auront la ressource de se les procurer par la voie d'échange. Dans la supposition d'où nous sommes partis, que donneroient-ils aux Américains, en payement des drogues dont leur intempérance leur a fait des nécessités ? l'industrie perfectionnée, les sciences, les manufactures, les fabriques florissant au-delà de l'Atlantique, laisseroient elles aux habitans de l'Europe la possibilité de s'acquitter avec des fruits ou des ouvrages dont l'Amérique regorgeroit ? Seroit ce des bois de construction & des munitions navales qu'ils lui fourniroient ? non, elle en auroit pour construire plus de vaisseaux que l'Europe entiere n'en sauroit mettre en mer. Lui livrerions-nous des munitions de guerre, des canons, des fusils, &c., qui sont une branche de commerce si essentielle de l'Europe avec les autres parties du monde ? non ; un état aussi puissant que celui des Américains peut & doit le devenir, auroit trop senti le besoin de ces funestes instrumens de destruction pour en négliger la fabrication. Il a dans son sein la matiere premiere ; il auroit aussi les atteliers pour la mettre en œuvre. Privés de ses diverses sources d'exportation, ce ne seroit pas non plus avec les productions des Antilles que les négociants de l'Europe acquitteroient celles de la république des *Etats-unis*, parce que, ou elle cultiveroit les mêmes denrées, ou, Souveraine ou associée de l'Archipel américain, elle les tireroit des lieux mêmes où elles croissent ; ni avec des fruits des Indes orientales, parce que, ou les Américains ne feroient point usage du thé, de la canelle, des cloux de girofle, &c., ou ils sauroient bien se les procurer sans le secours des courtiers européens. Ce seroit encore moins avec les productions territoriales de l'Europe, dont ils pourroient se passer, puisqu'excepté les vins, ils auroient les mêmes denrées dans un degré d'abondance bien supérieur à nous ; avec les ouvrages d'industrie, dont ils n'auroient pas besoin, puisque les arts, les manufactures & les fabriques multipliées chez eux, leur en fourniroient au de-là de leur consommation. Le luxe pendant quelque tems leur impoſeroit un tribut, la ſupériorité des Européens dans les arts frivoles, metteroit les Américains dans la dépendance : mais ou ils prendroient le parti de renoncer à l'uſage de ces frivolités, ou ils les fabriqueroient bientôt eux-mêmes. Il y a déja des bijoutiers, des horlogers, des faiſeuſes de modes, des imprimeurs, des ſavants en Amérique. Bientôt nous n'aurons plus la reſſource d'y exporter nos chiffons, nos grelots & nos brochures.

Juſqu'ici le nouveau monde a été pour la partie de l'ancien que nous habitons, le plus puiſſant encouragement à notre induſtrie, par la conſommation prodigieuſe qu'il faiſoit de nos principales étoffes de laine, de ſoie, de coton & de lin. Dès qu'une fois les métiers qui fabriquent les draps, les toiles, les linons, les dentelles, &c., qui s'exportent en Amérique & aux Indes occidentales s'élevront au delà des mers, à la ſource des matieres premieres, ils feront tomber ceux qui ſont en deçà. Les fabriques de coton ſi nombreuſes en Europe, s'y anéantiront faute d'aliment. La matiere n'en croît pas dans nos climats, les Américains qui la poſſedent, auront l'avantage ſur nous. Ils nous la fourniront toute fabriquée, & nous rendront leurs tributaires pour cette partie ſi eſſentielle de la consommation européenne. Quant aux manufactures de laine, de soie & de lin, elles rencontreront bientôt parmi eux une concurrence redoutable. S'ils ne peuvent pas les effacer, ils sauront bien les égaler. Leur pays comporte comme le nôtre, la culture du lin, du chanvre & de la soie; ils multiplieront à un point qu'il est difficile de calculer, ces productions sur un sol & sous un ciel qui y prêtent infiniment. Ils ont déjà des laines qui peuvent soutenir la comparaison vec celles de l'Europe : quelques-unes même leur sont supérieures. En tous cas, si les progrès de l'industrie & de la puissance du nouveau monde n'ont point assez d'influence pour anéantir les superbes & innombrables atteliers qui occupent tant de mains & alimentent le tiers des habitants de l'Europe, ils contribueront à les faire tomber en décadence, en rendant leurs ouvrages inutiles à l'autre hémisphere. Dès que le commerce européen n'exportera plus à l'Amérique & à ses isles les fruits de l'intelligence & du travail de nos fabriquants, il est clair que les manufactures de toute espece doivent dépérir en proportion de la quantité qu'elles en fournissoient à l'exportation. Que deviendront les fabriques angloises, lorsque la Grande-Bretagne n'aura plus la faculté d'en envoyer les ouvrages dans ses colonies? Que deviendroient celles de Sedan, de Lyon, de Saint-Quentin, d'Abbeville, de Normandie, si les objets qui en sortent n'avoient plus de débouchés au-delà des mers, ni des gallions à Cadix pour les y conduire ? elles déchoieroient d'un tiers ou de moitié.

Ce n'est pas seulement sur le plus ou le moins d'etendue de l'exportation à laquelle ces établissements d'industrie fournissent pour le nouveau monde, qu'il faut calculer le degré de leur décadence, quand ils y seront écipsés par des rivaux qui y rendront leurs productions inutiles. Il faut encore faire entrer dans ce calcul les contre-coups que cette rivalité feroit rejaillir sur toutes les autres branches de commerce & d'industrie, & qui se feroit sentir de proche en proche, sur toutes les classes de la société. L'indépendance de l'Amérique arrivée au terme où elle pourra se passer des secours de l'Europe & lui rendre les siens indispensables, diminuera les moyens des Européens avec leur consommation, d'où s'ensuivra une réaction progressive & funeste sur toutes les manufactures quelconques. Ces observations sont fondées sur la nature des choses. Leur justesse dérive des rapports qui existent entre la consommation des peuples & la réproduction des objets qui en forment la matiere. Ces rapports sont simples, aisés à saisir pour quiconque réfléchit ; mais la réflexion est de tous les actes de l'esprit humain le plus pénible & le moins commun. La consommation, soit de premiere nécessité, soit de luxe, est proportionnée en général, non à la quantité d'objets qu'on lui livre ; mais au nombre & aux facultes des consommateurs. Si, d'un côté, ces facultés n'avoient pas des bornes infiniment resserrées pour la plus nombreuse portion du genre humain, la consommation des fruits de la terre & des ouvrages d'industrie seroit portée au niveau de la somme des besoins réels & des fantaisies de tous les individus chez toutes les nations. pourvu que, d'un autre côté, la réproduction en tout genre pût fournir la masse énorme d'objets dévoués à cette effroyable destruction. Alors le commerce, dont la fonction est d'alimenter les nécessités des hommes, & de fournir aux caprices du luxe, aux profusions de la mollesse, aux dégats de la sensualité, seroit aussi étendu qu'il soit possible de le concevoir. Ses opérations seroient innombrables & toujours renaissantes. La fecondité de la terre, les complaisances de l'industrie, se prêtant aux demandes des particuliers, dont les moyens seroient aussi intarissables que leur imagination, livreroient au négoce les matieres de ses spéculations étendues à l'infini. Mais d'une part les fruits de l'agriculture & les productions des arts étant nécessairement limités, proportionnés & à la fertilité du sol & à la force des agens qui cultivent ces deux sources d'objets livrés à la circulation par les négocians, & de l'autre la consommation étant circonscrite par les facultés des peuples & des individus, le commerce a un terme qu'il ne sauroit passer. Son *Non plus ultrà* est le point où les riches consommateurs ont satisfait toutes leurs fantaisies, & les pauvres épuisé tous leurs moyens. Pour franchir les limites dans lesquelles il est renfermé par la nature des choses & des évenemens, il ne suffit pas qu'il multiplie les objets de consommation ; il faut encore qu'il augmente les facultés du plus grand nombre des consommateurs. Il ne faut pas dire que le commerce provoque la consommation ; c'est une erreur. C'est la consommation qui appelle le commerce, comme c'est l'industrie qui l'alimente. Si les peuples de l'Europe n'avoient pas mis au rang de leurs besoins, l'usage du tabac, du sucre, du caffé, du thé, des épiceries, tous les despotes de l'univers, avec leurs ruses & leurs forces, ne sauroient débiter dans nos ports une cargaison de ces précieuses & fatales drogues. Ils seroient ruinés avec leurs prétendues richesses : & pour peu qu'ils vouiussent employer la violence pour nous les faire acheter, nous imiterions les *Bostoniens* en jettant leurs ordures dans la mer. Il n'y a que trop peu d'objets de premiere nécessite comme le sel, ou qui le sont devenus par l'habitude, comme le tabac, sur lesquels le despotisme peut étendre le monopole ; & faire aux consommateurs une loi de ses caprices, comme cela se pratique dans quelques-uns de nos gouvernemens. On a beau se tourmenter pour étendre les opérations du commerce, pour multiplier les produits de l'industrie, si en présentant de nouveaux objets à la consommation qui en est le véhicule, on n'augmente pas le nombre ou la puissance des consommateurs. Un attelier nouveau ne s'éleve dans un lieu que pour nuire par sa concurrence, à ceux qui existent déjà : sa prospérité ou sa décadence reposent sur la ruine ou l'élévation des établissemens dont il devient le rival. C'est ainsi que s'établira le pouvoir de l'Amérique septentrionale, aux dépens des puissances qui combattent aujourd'hui pour sa liberté. Nous devons plaindre les gouvernemens qui ne céderont pas à la force & à la justesse des réflexions que nous venons de mettre sous leurs yeux.

Cependant les principaux ministres par qui l'Europe est conduite depuis près de vingt ans sont bien eloignés d'avoir adopté des principes aussi salutaires. Aucun n'a porté ses vues politiques sur le bonheur genéral; tous au contraire, par ambition ou par foiblesse ont travaille sur des plans retrécis & bornés, des spéculations mercantiles, des projets tantôt accueillis par la faveur, aussi-tôt rejettés par la cabale, & presque toujours sans examen. D'un autre côté, les souverains enivrés d'une fausse grandeur ne suivent que les impulsions que savent leur communiquer leurs ministres, & tous vivans du jours au jour, se croyent très heureux, lorsque l'état est pourvu pour une campagne, des besoins innombrables qu'entrainent les guerres inutiles. C'est pour en tarir la source que nous avons conçu le dessein de présenter aux principales puissances de l'Europe le projet du *Haut Pouvoir Conservateur.* Si dans ce qu nous avons dit dans le courant de cet ouvrage, il se trouvoit des expressions qui pussent offenser quelqu'une d'entre elles, nous déclarons que telle n'a pas été notre intention. N'ayant pas reçu un esprit désapprobateur ni enclin à la satyre, comme certains folliculaires ou écrivains à gages, qui ne cessent de tout blâmer, sans avoir ni les lumieres nécessaires pour indiquer un remede aux maux réels ou prétendus, objets de leurs inſipides cenſures, ni la prudence de ſe taire ſur les choſes qu'ils ne comprennent pas, nous n'écrivons que d'après les ſentimens profonds qu'ont gravé en nous les malheurs des peuples dont nous avons étudié l'hiſtoire. C'eſt dans ce tableau dégoûtant des horreurs du genre humain, que nous avons vu ſans ceſſe l'intérêt particulier faire taire, ou donner la loi à l'intérêt général; les plus grands effets, depuis les pleurs de Veturie qui arrêterent Coriolan, juſqu'à la révolution des colonies américaines. Les pleurs d'une femme changerent la face de l'empire romain; l'ambition d'un homme va changer la politique de l'Europe entiere. Il eſt probable que ce que nous écrivons ne changera pas les projets des puiſſances belligérantes ou neutres; il ſe peut que leur politique s'attache à un autre objet par les grands changemens que vient d'opérer le ſage Joſeph dans l'adminiſtation de ſes états. Malgré cette inſtabilité, ces variations des cours européennes, nous avons cru le moment favorable pour publier notre plan. Jamais, en effet, de plus grands intérêts n'ont agité l'Europe. Un peuple du nouveau monde combat pour aſſurer ſa liberté; des princes qui devroient craindre les mêmes événemens pour leurs colonies ſoutiennent leur querelle, une iſle qui ne compte guere au de-là de 8 millions d'habitans tient tête à l'Espagne, la France & l'Amérique réunies, par les seules forces de sa marine & les ressources prodigieuses d'un crédit chimériques ; une neutralité apparente profite de leurs fautes en général, & s'approprie le commerce particulier des nations entrainées dans cette grande querelle. Un peuple autrefois célebre par les efforts qu'il fit pour obtenir sa liberté, vient de reconnoître l'indépendance de l'Amérique dans l'instant où il a tout à craindre pour la sienne propre. Les puissances du Nord épient le moment où les forces épuisées de la France & de l'Angleterre ne pourront plus apporter aucun obstacle à l'exécution des vastes projets médités dans le silence & l'obscurité : la papauté prête à laisser tomber sa triple couronne sur le front impénétrable du chef de l'empire, semble toucher à ses derniers instants, & les princes du second rang attendent avec anxiété le signal terrible qui doit devancer la foudre grondant au dessus de leurs têtes.

Telle est la situation actuelle de notre Continent ; telle est la circonstance que nous avons choisie pour présenter aux princes, aux négociateurs, le plan d'un suprême tribunal, le seul & unique moyen de rendre la paix permanente en Europe.

Sans nous promettre le succès que devroit avoir ce projet conciliateur, il nous est permis de faire des vœux pour qu'il soit adopté par les souverains auxquels nous l'adressons; mais la récompense la plus douce pour notre cœur, seroit de voir augmenter les connoissances de ce petit nombre d'hommes destinés à commander au reste de la terre, & que ceux qui ne doivent qu'obéir trouvassent plus de plaisir à le faire en acquérant à leur tour de nouvelles lumieres.

Nos Lecteurs daigneront se rappeller que nous avons pris pour base de l'établissement du *Haut-Pouvoir*, la situation où se trouvoient les principales puissances de l'Europe en 1748, & quels que soient les changemens qu'elles aient éprouvés depuis le traité d'Aix-la-Chapelle. C'est de ce point que nous sommes partis pour établir les principes & la nécessité de ce *grand Pouvoir Conservateur.*

La France & l'Espagne ont un intérêt particulier à adopter ce projet. La premiere, malgré la renaissance de son crédit, le secret de sa politique, les mesures très-sages qu'elle a employées depuis dix ans pour se préparer à la guerre actuelle, ne peut encore s'assurer d'un succès constant; & lorsqu'elle a conçu le plan de sa guerre maritime, elle n'avoit pas mis dans ses calculs les événemens que doivent produire les réformes inattendues de l'empereur. L'Espagne toujours lente dans ses operations ne pouvoit entrer dans cette guerre qu'avec regret; d'ailleurs le funeste exemple qu'elle vient de donner à ses immenses colonies pourroit faire éclorre des révolutions aussi conséquentes que celle de l'Amérique septentrionale. L'héritier présomptif de cette vaste monarchie contrarie de tout son pouvoir les plans des cours de Madrid & de Versailles. On sait combien ce prince a d'influence dans les conseils de son auguste Pere. La mort de ce monarque peut faire perdre en un instant le fruit des brillantes victoires des François & des Espagnols.

Le Roi de Prusse est pour le moins aussi intéressé à l'acceptation du *pouvoir Conservateur*, non-seulement parce qu'il doit en être membre, mais encore par le peu de liaison qui se trouve entre les diverses parties dont sont composés ses états. Si ce grand prince meurt avant le duc de Baviere, électeur Palantin, Joseph II rentre en campagne, enleve la Silésie au successeur de Frédéric, & s'empare de la Baviere, malgré tous les efforts que la France pourroit tenter. Si le monarque Prussien survit à l'électeur Palatin, on peut compter sur une nouvelle guerre avec la maiſon d'Autriche, & les alliances de cette derniere avec la Ruſſie lui en aſſurent preſque tous les ſuccès.

De quelque côté que l'obſervateur politique jette ſes regards, il trouve le germe de la plus ſanglante guerre dont les faſtes de l'hiſtoire moderne aient conſervé le ſouvenir.

Tout concourt donc à forcer les cours réunies de Verſailles, Madrid & Berlin à faire entrer le magnanime Joſeph II, dans leurs intérêts reſpectifs, & ce prince eſt trop grand & trop éclairé pour ne pas ſe prêter à des vues dont les effets doivent établir le bonheur de l'humanité, & le faire jouir en même tems des fruits qu'il a droit d'attendre de ſes travaux politiques.

Établiſſement d'un ***HAUT POUVOIR CONSERVATEUR***, *ſouverain arbitre de tous les différends de l'Europe : dont l'objet principal ſera de procurer une tranquillité perpétuelle, de maintenir les poſſeſſions & droits naturels de chaque état contre les entrepriſes du plus fort, d'affermir le ſyſtême de l'équilibre en le plaçant pour toujours dans les mains des quatre premieres & ſeules puiſſances qui doivent* *en avoir le dépôt sacré* (1) ; *afin de rétablir les nations lézées dans leurs anciens droits de liberté & d'indépendance, sans qu'il soit jamais possible d'altérer la force de cette prédominance de pouvoir, ni de décliner son autorité suprême.*

Ces grandes vues doivent immortaliser les quatre principales puissances qui en seroient les premiers soutiens, & leur déféreront la gloire la plus sensible pour leur bienfaisance, d'être à jamais les Titus du genre-humain.

L'heureuse réunion des maisons d'Autriche & de France, après une rivalité (2) qui a coûté tant de sang à l'Europe, présente pour le bonheur de cette partie du monde, la facilité de faire naître ce calme inaltérable que notre zele ne cesse d'avoir pour objet. Occupés de ces moyens pacifiques, nous allons essayer de répandre un nouveau jour sur les avantages & la nécessité de resserrer les nœuds de cette auguste alliance, & de former ce grand corps de

---

(1) La maison d'Autriche, la France, l'Espagne, pour adjoint le Portugal, la Prusse, pour adjoint la Saxe.

(2) Depuis les guerres de Charles V & de François I jusqu'au traité de Versailles.

forces qui doit être le plus ferme appui de tous les princes, & auquel ils ne doivent point hésiter de se réunir comme à l'unique rempart de leur grandeur & de leur puissance.

Quelle circonstance plus heureuse pouvions-nous jamais choisir ? Tandis que l'Espagne & la France combattent pour la liberté des mers, le chef de l'empire germanique exécute les réformes les plus salutaires au bonheur de l'Allemagne. Que ne pouvons-nous inspirer à ces illustres souverains de n'avoir plus que les mêmes desirs de rétablir la confiance, l'harmonie qui assureront pour jamais leur splendeur & leur bonheur mutuel ! que le germe de la discorde & d'une rivalité jalouse qui a divisé ces princes pendant plusieurs siecles, que ces vues d'ambition semblant porter sur la monarchie universelle de l'Europe, que toutes les semences d'altération qui rendoient inconciliables tant d'intérêts divers, soient aujourd'hui proscrites des trois cours, & que l'amour de l'humanité place dans leurs mains seules cette balance prédominante qui doit être la base du calme perpétuel que nous nous proposons d'opérer.

Par nos premieres réflexions sur la Pologne, le Nord en général & les troubles actuels de l'Angleterre avec l'Amérique, nous avons disposé les négociateurs à sentir la nécessité de former le *pouvoir* dont il s'agit, soit pour diminuer l'excessive ambition des cours de Russie & de Londres, soit afin de prévenir que désormais ces deux puissances ne s'ingerent dans les dissensions qui pourroient agiter l'intérieur de l'Europe.

Ces objets importants ont été éclaircis dans le commencement de cet ouvrage, où nous avons prouvé que la Pologne sera toujours le foyer central du bouleversement du Nord : tant que cette couronne sera élective, son accès venal laisse à l'intrigue, à l'ambition une porte sans cesse ouverte à la jalousie. De-là l'esprit de discorde & de cabales qui fomente dans les dietes, ce levain dégénérant toujours en confédérations toujours ennemies, & qui, malgré leurs changemens d'objet & de prétexte, finissent par se réunir au seul point d'une destruction totale.

Nous ne pouvons trop répéter aux souverains que ce qui est arrivé dans cette république, arrivera encore à l'élection du successeur de Poniatowsky, qu'il est, par conséquent indispensable, avant d'établir le tribunal du *Haut Pouvoir*, de proscrire définitivement le droit électif de la couronne de Pologne, & de la donner sous un titre héréditaire à la maison de Saxe; c'est-à-dire, au duc de Saxe-Teſchen, avec la clauſe de réverſion à la branche électorale, dans le cas d'extinction de celle de Teſchen.

En appellant ainſi au trône de Pologne une maiſon qui a deja une preference de faveur par les rois qu'elle y a fournis, puiſſante par elle-même, pouvant s'y maintenir & ſe faire reſpecter : l'on coupe la racine aux intrigues de la Ruſſie & de la Pruſſe, qui n'ont ceſſé de déſoler cet infortuné pays.

En accordant l'heredite de la Pologne à la maiſon de Saxe, il eſt un art de mettre en oppoſition les grands & le peuple, & pour mieux affermir cette nouvelle domination, il faudroit également proſcrire le joug tyrannique qui rend le peuple ſerf, eſclave de chaque domaine en naiſſant, par une loi formelle & precise qui permettra les propriétés independantes & perſonnelles, autoriſera l'ordre des ſucceſſions, en deferant enfin au monarque ſeul le droit de vie & de mort. Les grands fiefs qui balancent l'autorite royale doivent être auſſi ſupprimés & réduits aux ſeuls titres honorifiques de princes, ducs, comtes, & ſuivant la nouvelle érection & confirmation qui en ſera faite par la pure grace du roi. Ces terres, cependant, étant le patrimoine ſouvent héréditaire des Magnats & des Grands, ne ceſſeront de leur appartenir en propriété, ſauf les droits directs & utiles de la couronne pour l'hommage en plein exercice de la souveraineté, en sorte qu'il n'y aura plus aucune espece de servitude dans toute la domination polonaise. Par ce moyen, les Grands déchus tout-à-coup de l'état d'indépendance, qui nourrissoit leur despotisme, assujettis à l'honorifique *Lige* de la pure mouvance royale, à l'instar des autres états policés de l'Europe, s'accoutumeront d'autant plus facilement à cette souveraineté absolue, qu'ils n'ont plus depuis le partage, que l'ombre de la liberté. Mais le démembrement exécuté à cette époque ne peut subsister. Les trois cours doivent rendre à la Pologne les provinces qu'elles lui ont ravies, afin que la monarchie ne puisse plus être énervée à l'avenir, & que cette puissance soit en état d'élever une barriere de force contre le Turc & la Russie, ce qui est essentiel à notre plan politique.

Les souverains de l'Europe sentent tous la nécessité d'empêcher l'agrandissement du Turc dans cette partie du monde, ainsi que celui des Russes : il est évident que l'on doit contenir ces deux torrens dans leurs sources mêmes, pour qu'ils ne puissent franchir les bornes qui leur seront imposées lors de l'établissement de notre *Haut-Pouvoir*.

Si les cours de France, d'Autriche & d'Espagne n'ont pas perdu de vue ce que nous avons ci-devant exposé, au sujet de l'Amérique, elles doivent présumer que la révolution actuelle du nouveau monde n'est que le prélude de celles qui doivent nécessairement lui succéder; qu'il est, par conséquent, de leur intérêt de fixer la maniere la plus solide, la paix de l'Europe, pour la mettre en état de supporter que leurs possessions d'outre-mer ne manqueront pas de lui faire essuyer un peu plutôt, un peu plus tard. D'après cette vérité sensible, il est facile de se convaincre de la justesse de notre plan & du motif qui nous a fait remonter aux causes des troubles du Nord, qui n'ont & ne pourront jamais avoir d'autre source que la liberté dangereuse de la nation polonaise pour l'élection de son souverain; mais cette couronne affermie dans la maison de Saxe, de la maniere que nous l'avons rapidement annoncé ci-dessus, il ne nous paroît pas possible que rien s'oppose à l'établissement du *Haut-Pouvoir*.

Ce ne seroit pas la Russie, qui plus épuisée qu'elle ne veut le paroître (1), seroit d'ailleurs contenue par la barriere de sûreté qu'éleveroit la maison de Saxe, au moment

---

(1) Voyez les détails dans lesquels nous som-

où elle seroit remontée sur le trône de Pologne, sous la protection de notre *Haut-Pouvoir Conservateur*. En supposant que la Russie voulut surmonter ces obstacles où seroient ces ressources & ses alliés ? tout seroit en défection pour elle, & l'union des deux maisons de France & d'Autriche, jointe à celle du pacte de famille, porteroit plus que jamais aux puissances ambitieuses du Nord le coup funeste de leur prochaine décadence. Le roi de Prusse est trop habile pour s'exposer seul aux dangers d'une rupture douteuse. En échec & observant de toutes parts une sécurité inquiéte le porte plutôt à une neutralité attentive vis à-vis de ces cours. Toutes les démarches du cabinet de Potzdam, depuis la paix de 1778, prouvent la vérité de cette assertion.

C'est donc à cette époque favorable que nous déférons aux principales puissances de l'Europe un plan digne de leur grandeur, & susceptible de toute leur attention, si inséparablement unies, elles veulent se couronner de palmes immortelles.

Après avoir démontré que rien ne peut s'opposer à l'exécution de notre plan, il est

---

mes entrés plus haut, au sujet de cette puissance.

nécessaire

nécessaire de passer aux autres moyens qui achevent de lever tous les obstacles par la réunion & le concours du roi de Prusse au besoin.

Nous avons dit que dans la crise où se trouve actuellement l'Europe, toutes les puissances sont en garde & dans la defiance, les unes par l'inquiétude que leur a inspiré les succès de la maison de Bourbon, & par les vues ambitieuses qu'elles prêtent aux cours de France & d'Espagne, les autres attendant le parti que prendra la neutralité armée, si la médiation de l'Autriche & de la Russie n'amene point une prompte paix. Dans ces circonstances, le monarque Prussien ne cherche pas à se mêler trop ouvertement de la guerre présente; ce ne sera qu'après s'être bien convaincu des démarches de l'Empereur, que Frédéric dirigera les siennes; car, sans intérêt personnel dans le démêlé des Anglois avec la France & les Colonies, il risqueroit beaucoup s'il commettoit la faute politique de se déclarer pour l'une des puissances belligérantes, & de fournir par-là le prétexte d'approcher de ses états un embrasement dont il pourroit devenir la victime.

Ainsi tranquille de ce côté, sa sécurité feinte ou réelle, nous a fait concevoir l'idée d'en faire le plus zélé partisan de nos vues. Nos moyens pour acquérir ce prince,

D

ſont auſſi ſûrs qu'infaillibles. Toujours prêt à écouter les premieres propoſitions qui pourroient le flatter, cet habile ſouverain s'unira de préférence avec le corps de forces qui lui procurera les avantages les plus analogues à ſon ambition & à ſa ſûreté ; ſur-tout lorſqu'admis comme partie principale à nos vues, on lui offrira de garder en échange de la Siléſie, ce qui lui eſt échu au partage de la Pologne, en l'augmentant de tout le territoire, ville & domaine de Dantzick ; tandis que l'Autriche & la Ruſſie ſeroient contraints par le *Haut-Pouvoir* & par magnanimité, de rendre ce qu'elles occupent actuellement, à la nouvelle monarchie de Pologne. Cette ceſſion en faveur du roi de Pruſſe doit être le ſeul démembrement que l'on permette de prendre ſur la République de Pologne. La maiſon d'Autriche cédera volontiers ce qu'elle occupe dans ce pays, pour recouvrer une partie de ſa Siléſie, & les Ruſſes doivent être ſatisfaits de ce qu'ils ont retiré d'avantages par leur traité de paix avec La Porte. D'ailleurs nous avons dit plus haut que la partie de la Pologne que Catherine II avoit envahie, lui étoit plus onéreuſe que profitable.

Tout autre arrangement dans le Nord ſeroit hériſſé de difficultés ; ce ſeroit d'ailleurs mal entendre la politique de l'empire ou s'exposer à une foule d'inconvéniens qui auroient bien plus de dangers que ce que nous avons proposé, à moins que le *Haut-Pouvoir* ne voulût porter ses vues sur les états de la maison de Hanovre, devant toujours regarder cet électorat dans les mains du roi d'Angletetre, comme un pouvoir ennemi de l'empire, qui facilite à ses maîtres les moyens de cabaler dans son sein, en leur rendant en quelque sorte les intérêts de leur patrie indifférens, par la réunion forcée de deux corps politiques n'ayant que très rarement les mêmes intérêts; & toujours destructeurs du repos germanique & du bonheur de l'Europe.

Ces nouvelles vues ne sont qu'une simple proposition que nous hasardons sur les différens coups que l'on pourroit porter à l'Angleterre, pour l'empêcher, comme nous avons dit de la Russie, d'entrer désormais dans les affaires du continent. Ainsi quand on préfereroit seulement le premier expédient, il est visible que l'objet de la Silésie peut encore facilement s'arranger par le plan naturel de réunir pour jamais les deux Prusses à la maison de Brandebourg, comme elles étoient sous les grands-maîtres Teutoniques de cette maison, Alors par ce nouveau tempérament, le Roi de Prusse se trouvera suffisamment désintéressé, quand même il rendroit pour cette seule cession permanente, la Silésie à la maison d'Autriche; mais si ces differens équivalents éprouvoient des obstacles, il nous resteroit l'expédient d'un pacte de succession & de réversion entre les maisons d'Autriche & de Prusse, & dès à-présent la cession par la grande alliance de la ville & domaine de Dantzick, en faisant renoncer ce Prince à toute alliance avec les cours de Londres & de Russie.

A l'égard de l'empereur, indépendamment de la Silésie qu'il recouvre dans ces arrangements, province qui doit lui paroître plus précieuse que ses nouvelles possessions en Pologne; le *Pouvoir Conservateur* pourroit s'engager à lui procurer l'hérédité dans sa maison, de la dignité impériale, en déterminant le collège électoral d'en faire de concert avec l'empire, une loi expresse, solemnellement ajoutée à la Bulle d'or.

Il ne faut pas se prévenir au premier coup-d'œil contre cette proposition, ni la croire impraticable. Nous allons la mettre sous un jour qui en fera disparoître toutes les difficultés.

Cette haute dignité devenue par le fait le propre de la maison d'Autriche, forme un avantage des plus considérables à sa grandeur ; parce que sans se trouver dorénavent exposée aux intrigues du college électoral, dont les suffrages s'achetent souvent par des sacrifices onéreux, il ne sera plus question de brigues pour une élection étrangere lors des événemens de vacance, regardés avec raison par la maison d'Autriche comme le plus sensible danger que pourroit éprouver sa puissance.

Etant assuré du roi de Prusse & de sa voix dans tous les tems, réunissant celles de Bohême, de Saxe & Palatine, augmentant le college électoral de trois nouveaux membres, en procurant cet honorifique au roi de Dannemarck pour son Duché de Holstein, au duc de Wirtemberg & au Land Grave de Hesse-Cassel pour leurs états héréditaires, aux conditions que la voix sera toujours pour l'hérédité de l'empire dans la maison d'Autriche, il ne sera plus possible d'empêcher l'exécution de ce plan, & nous sommes assurés par ce moyen, d'une prépondérance que les intrigues contraires ne pourroient plus balancer. Il sera même facile d'y faire condescendre tout le college électoral, en proposant de modifier cette loi de nécessité par une restriction qui levera le reste des obstacles, & qui ne préjudiciera en rien aux droits & libertés dudit college.

Il n'eſt beſoin que d'aſſujettir le droit d'hérédité au lieu de celui d'élection à la formule d'une reconnoiſſance de la part du haut college électoral à chaque avénement d'un nouvel empereur, & lors de ſon couronnement à Francfort, pour ne pas changer l'ordre de cette cérémonie, en maintenir l'éclat, la majeſté, & ſuppléer par cet hommage & reconnoiſſance au droit d'élection : en ſorte que l'empereur & le roi des romains qu'il déſignera ſeul & dans tous les tems, à l'exemple des premiers Céſars, pour faire revivre l'ancienne majeſté de l'empire, ſe ſoumettront à cette reconnoiſſance, & ne ſeront réputés chefs du corps germanique, qu'après avoir ſatisfait à cette obligation du couronnement. Ce ſupplément du droit de reconnoiſſance à celui d'élection, emporte la même force pour la conſervation des immunités du college électoral. D'ailleurs cette hérédité de l'empire n'étant accordée qu'aux hoirs mâles de la maiſon d'Autriche, on pourra ſtipuler que dans le cas d'extinction, le college rentrera dans le droit d'élection. Au moyen de cette clauſe qui conſerve les droits des électeurs & le relief de leurs dignités, ils ne peuvent qu'acquieſcer à un équivalent purement honorifique. Nous eſtimons cette vue, la ſeule capable de fixer le repos de l'Allemagne & la ſûreté de tous les membres de cette confédération.

Conſéquemment l'hérédité de l'empire que procurera à la maiſon d'Autriche le concours de la France, de l'Eſpagne & du roi de Pruſſe, eſt le plus précieux avantage que puiſſent jamais eſpérer les ſucceſſeurs de la maiſon impériale. Ces divers expédients militent également en faveur du roi de Pruſſe, ſoit qu'il rende la Siléſie, ou que par ſon acceſſion à nos vues, il acquierre les nouvelles poſſeſſions ſur la mer Baltique.

Il eſt aiſé d'appercevoir que ce prince gagne tout en s'uniſſant avec les trois puiſſances qui peuvent ſeules former notre *Haut-pouvoir conſervateur*, parce que s'il reſtoit indécis, ſa politique y perdroit, & occaſionneroit un refroidiſſement dans la haute union, qui un peu plus tôt, un peu plus tard, lui deviendroit préjudiciable. D'ailleurs l'ambition actuelle de ce monarque doit plus ſe borner à laiſſer des alliances capables de ſoutenir ſes ſucceſſeurs, que ſe livrer à des projets qui pourroient entraîner la ruine de ſes états, ſi la nature venoit terminer ſa brillante carriere au milieu de ſon indéciſion. Fréderic le Grand eſt trop au deſſus des préjugés du vulgaire, pour n'avoir pas fait lui-même cette reflexion, & son regne, peut être unique sur le trône qu'il occupe, n'a besoin que de l'olive de paix, pour qu'il laisse à la postérité le souvenir flatteur d'avoir atteint tous les genres de gloire.

Examinons maintenant les autres moyens qui doivent concourir à l'entiere perfection de cette paix perpétuelle, regardée comme une chimere par nos demi-politico-ministres, depuis que le digne Abbé de S. Pierre s'avisa d'en publier le projet qui ne cessera d'être notre desir, puisqu'il doit procurer le bien le plus cher aux hommes, & cimenter la constante propriété des nations.

La maison d'Autriche, satisfaite du côté de la Silesie, & trouvant de plus dans le *Haut-Pouvoir* que nous proposons, l'hérédité permanente de l'Empire, avec le droit de nommer & de choisir seule le roi des Romains, doit saisir avec empressement le moyen de resserrer étroitement l'union commencée par le traité de Versailles.

En y ajoutant l'Espagne, le Portugal, le roi de Prusse, comme parties principales & adjoints, de même que la maison de Saxe; souveraine de Pologne, il est aisé de se convaincre qu'il n'est plus de puissances en état de traverser l'exécution de ces vues bienfaisantes.

Il résulteroit encore de ces expédients que le corps germanique se trouveroit délivré de toutes les intrigues & impulsions étrangeres à son repos ; & s'applaudroit du fortuné moment où, tranquille, sous l'influence de la haute alliance conservatrice, il auroit plu aux quatre grandes puissances de consolider cette union desirée, & précieuse à l'humanité.

Forme du Pouvoir Conservateur *; ses vues, ses forces ; nature des contingens, & avantages qui en résultent pour tous les princes & états de l'Europe.*

Cette grande alliance, nécessaire au bonheur de l'Europe, sera consentie par les quatre principales puissances de sa monarchie universelle ; telles que la maison d'Autriche, la France, l'Espagne, & le Portugal adjoint sous la garantie de tous ses états & possessions, la Prusse, & la Saxe comme roi de Pologne, adjointe à ladite alliance, & ne devant composer qu'un seul pouvoir, à l'instar de l'Espagne & du Portugal, afin de jouir du relief de puissance principale, en sorte que toutes les autres puissances du continent n'y seront admises que comme secondaires & accédantes : les quatre premieres seules représenteront le *Haut-Pouvoir*, dirigeront toutes ses vues, seront les arbitres nés des nations, & les autres pouvoirs secondaires seront obligés de déférer à ses jugements.

Les quatre grandes puissances ci-dessus désignées, formeront au centre de l'Europe, dans la ville dont elles conviendront, un tribunal arbitre en leur nom, de tous les differends, composé de commissaires respectifs auxquels on deférera les objets qui intéresseront l'autorité directe du *Haut-Pouvoir*

Tous les membres composant ce tribunal suprême, seront choisis dans le haut ministere de chaque cour; ils auront le titre de présidents principaux, & ministres régissants le *Haut-Pouvoir*. Ils doivent, par leur naissance & leurs dignités, représenter avec éclat dans ces premiers caracteres de confiance qui leur auront été conférés par leurs souverains respectifs.

Les résolutions & jugements émanés de ce haut tribunal seront envoyés cachetés à chacune des principales puissances, pour y imprimer le sceau de confirmation; cette formule remplie, ils seront renvoyés à la commission du tribunal, pour être exécutés comme décision & décret du suprême pouvoir.

La formule de ces décrets sera au nom

ſeul des quatre grandes puiſſances & adjoints, ſous leurs titres & qualités, de maniere que, dans leurs perſonnes & couronnes, réſide l'excluſif exercice.

Auſſi tôt après l'érection du *Haut-Pouvoir*, il ſera notifié à toutes les cours que dorénavant toutes guerres ſont proſcrites en Europe, & que chaque puiſſance doit être tranquille ſur ſes droits & poſſeſſions, qu'il n'y ſera jamais rien changé ni innové, que la haute alliance prendra ſous ſa protection directe & immédiate tous les princes, états, républiques ; qu'elle recevra les acceſſions particulieres, reglera leurs contingents & ſubſides, avec garantie à ſes charges de tous les états & poſſeſſions, telles qu'elles ſe trouveront lors de l'acceſſion au grand traité. Le *Haut-Pouvoir* s'obligeant de remettre les puiſſances qui auroient ſouffert quelques dommages ou préjudices, dans leurs poſſeſſions naturelles, & de leur en procurer les dédommagements convenables à la premiere réquiſition qui en ſera faite & adreſſée au directoire du haut tribunal, comme auſſi d'employer au beſoin tout le corps de force de l'auguſte pouvoir conſervateur. Il ſera de plus inſinué à chacune des puiſſances ſecondaires de ne point ſe départir de l'autorité primitive du haut tribunal, ſous les peines de ban & confiſcation des états réfractaires.

Les confiſcations ayant lieu, ne pourront être dans aucun cas partagées entre les quatre puiſſances ni leurs adjointes, quand même les états ſe trouveroient de convenance : ils seront ſur le champ conférés dans la même maiſon & branche du prince mis au ban, ſelon l'ordre d'hérédité, pour que l'on ne puiſſe jamais craindre que le *Haut-Pouvoir* abuſe de ſa force dans l'intention de la faire ſervir à des vues d'ambition particulieres.

Le *Haut-Pouvoir* donnera à cet égard les aſſurances les plus poſitives & les plus ſacrées à tous les princes & états qui compoſent la monarchie de l'Europe, & ce ſera le premier acte de sûreté que paſſera le haut tribunal, lors de ſon exercice ſuprême.

Tout étant prévu dans la forme ci-deſſus pour l'inſtallation du *Haut-Pouvoir*, nous allons tracer ſon état de force & la nature de ſes contingents.

L'état de force d'exécution militaire du haut tribunal ſera, dans tous les temps, de quatre cents mille hommes préliminaires, & de toutes les forces reſpectives au beſoin. Il ſera fourni, par contributions & contingents entre les quatre grandes puiſſances, dans la forme qui ſuit. *Savoir* :

Le contingent de la maiſon d'Autriche ſera de ſoixante & quinze mille hommes d'infan-

terie & de vingt-cinq mille de cavalerie,
ci - - - - 100 000 hom.
Celui de la France - 100 000 hom.
L'Espagne & le Portugal adjoint 100,000 hom.
Enfin le Roi de Prusse, la Pologne & la Saxe formeront avec leurs forces la barriere du nord & fourniront leur pareil contingent de - - 100,000 hom.

Ensemble 400,000 hom.

Ces différentes forces seront toujours prêtes à marcher au besoin, & à cet effet entretenues sur la frontiere. Du contingent de chaque grande puissance, il sera tiré un corps de vingt-cinq mille hommes chaque année, le tiers cavalerie, pour former l'armée d'exécution des décrets du *Haut-Pouvoir*. Ce corps préliminaire de vingt-cinq mille hommes sera envoyé par chaque partie du pouvoir dans les cantons de répartition les plus à portée de la ville où résidera le directoire suprême, & ce premier corps sera toujours celui d'exécution.

L'artillerie, les munitions de guerre & de bouche & toutes les dépenses relatives à cet état de défense seront fournies par contribution égale entre les quatre puissances. On formera à cet effet dans la ville sédentaire du *Haut-Pouvoir*, un arsenal, des magasins de dépôt avec une caiffe des contingens, fans qu'il foit permis, fous aucun prétexte, de donner à ces fonds une autre deftination que celle ci-deffus énoncée.

Toutes les forces du *Haut-Pouvoir*, même celles des contingens des puiffances fecondaires, formeront le corps de défenfe de la république chrétienne de l'Europe. Le haut tribunal pourvoira aux armées particulieres des barrieres; il y aura celle du Nord qui fera commandée alternativement par les Rois de Pruffe, de Pologne, de Suede, de Danemarck, felon leur rang d'ancienneté. Ils auront fous eux quatre maréchaux généraux de la barriere, qui feront toujours pris dans les officiers les plus expérimentés du premier rang.

Quoique cette barriere du Nord paroiffe féparée pur un commandement particulier, elle devra toujours être indivifible de celle d'Allemagne, & au premier befoin n'en faire qu'une feule & même barriere.

Cette derniere fera compofée des cent mille hommes du contingent de la Pruffe & de la Pologne, de vingt-quatre mille hommes de la Suede, d'un pareil nombre du Danemarck & de toutes les autres forces au befoin.

La barriere du *Haut-Pouvoir* fera compofée de tous les contingens de la grande alliance, de ceux des électeurs & autres princes, tels qu'ils seront fixés sur l'idée que nous en allons tracer. Cette barriere sera soumise au particulier commandement de l'empereur & du roi T. C., ou à leur défaut, à celui des rois d'Espagne & de Prusse. Enfin il doit être subordonné aux quatre grandes puissances, six Felds-maréchaux généraux, qui seront choisis dans l'ordre des princes, & reconnus pour les plus habiles, auxquels le *Haut-Pouvoir conservateur* confiera l'inspection générale de toutes les barrieres & l'exécution des opérations qui émaneront de ses ordres.

ITALIE.

Il y aura une barriere de protection pour cette partie de l'Europe, & les contingens en seront réglés par le *Haut-Pouvoir*. Les rois de Sardaigne, de Naples & de Sicile, le grand duc de Toscane en seront nommés les Généralissimes, & à leur défaut, l'Infant de Parme & le duc de Lombardie (*) avec trois Felds-Maréchaux généraux sous leurs ordres.

---

(1) Les états de la maison d'Est à son extinction devant être incorporés au Milanois, formeront un jour ce grand duché de Lombardie, dont l'administration est le partage d'un Archiduc.

Le *Haut-Pouvoir* régira ſeul toutes les opérations & mouvements des barrieres, lorſqu'il s'agira de peine de ban ou de confiſcation. Les armées d'exécution ne pourront rien entreprendre ſans la réſolution générale de la monarchie univerſelle; de ſorte que tous les princes & états ſeront admis à donner leurs voix par ambaſſadeurs ou miniſtres extraordinaires à la diete générale de l'Europe. Dans les cas urgents & d'une prompte délibération, le *Haut-Pouvoir* (lors de quelque invaſion ou irruption ſubite) pourra néanmoins donner ſes ordres pour la marche des troupes de barriere & leurs opérations offenſives, & les ordres de ſûreté proviſoire ſeront motivés & préſentés aux aſſemblées des dietes générales.

La haute barriere d'Allemagne devant avoir la prédominance de tous les pouvoirs par l'honneur réſervé d'être dans tous les tems commandée par le chef de l'empire, ou S. M. T. C. ſes Généraliſſimes ou Felds-Maréchaux auront par-tout la préſéance ſur toutes les autres barrieres, & les commanderont au défaut des rois, auxquels elles auront été commiſes.

Toutes les depenſes quelconques pour le ſoutien du *Haut-Pouvoir*, ſeront priſes ſur les contingens provenans des ſubſides.

& contributions de tous les princes & états. Il est juste que toutes ces charges soient supportées entre toutes les puissances par contributions proportionnées à leur dégré de force, puisque les vues de ce grand plan embrassent la sûreté générale, & doivent fixer pour toujours la paix inaltérable des nations.

Idée des subsides & contingens des puissances secondaires qui doivent être admises à l'accession de la grande alliance.

Chaque puissance qui accédera & se fera garantir, contribuera aux charges du *Haut-Pouvoir conservateur*, selon son état de force; celles qui seront au rang des rois supporteront la contribution d'un corps de troupes de vingt-quatre mille hommes, dont un tiers cavalerie, équipés & entretenus, & en outre de la somme annuelle arbitrée par le *Haut-Pouvoir* pour les besoins & les charges générales.

Les électeurs, les républiques seront également arbitrées sur les mêmes considérations de proportion, & nous allons joindre à la récapitulation de ce plan, le tableau général de toutes les forces & du produit de ces contingens & subsides, pour démontrer que le *Haut-Pouvoir* aura dans tous les tems un état de puissance formidable qu'il ne sera guere possible de surmonter.

Etat général des forces préliminaires du Haut-pouvoir, *suivant la grandeur & la proportion des Etats qui composent la république uuiverselle de l'Europe ; avec une idée des contingens ou subsides à arbitrer.*

Les forces préliminaires du *Haut-pouvoir* étant le motif déterminant de la réunion de toutes les puissances, nous les avons portées entre les quatre principales, à quatre cents mille hommes qui doivent être fournis par égales contributions : leurs subsides doivent avoir la même égalité, indépendamment de l'entretien particulier des contingens respectifs. Nous les évaluons au moins à soixante millions, non compris les subsides & contingens des puissances accédantes & secondaires.

Ainsi, en contingens & en subsides, les quatre hautes puissances supporteront.

SAVOIR:

	Infant.	Cavalerie.	Argent.
	Hommes.		*Liv. tournois.*
La Maison d'Autriche----	75,000.	25,000.	15,000,000.
La France.----	75,000.	25,000.	15,000,000.
L'Espagne & le Portugal.-----	75,000.	25,000.	15,000,000.
Le Roi de Prusse, adjoint avec la Pologne.--	75,000.	25,000.	15,000,000.
PUISSANCES DU NORD.	300,000.	100,000.	60,000,000.
La Suede & le Danemarck pour leur accession à la garantie de leurs Etats fourniront la contribution fixée pour les Rois de 24000 hommes, le tiers, Cavalerie & argent six millions chacun...	32,000	16,000.	12,000,000.
	332,000.	116,000.	72,000,000.

Infant. Cavalerie. Argent.

	Hommes.		Liv. tournois.
De l'autre part.---	332,000.	116,000.	72,000,000.
Allemagne. Les contributions des Princes seront en suivant la proportion, pour chacun, savoir :			
L'Electeur ou Duc de Baviere, de 12000 hommes, id.------	8,000.	4,000.	2,500,000.
L'Electeur Palatin----	8,000.	4,000.	2,500,000.
Le répréſentant de l'Electorat de Hanovre, id. . .	8,000.	4,000.	2,500,000.
	356,000.	128,000.	79,500,000.

Observation. Nous ne mettrons pas dans le rang des contribuables, les Rois Electeurs qui repréſentent les voix de Bohême & de

	Infant.	Cavalerie	Argent.
		Hommes.	*Liv. tournois.*
Ci - Contre------	356,000.	128,000.	79,500,000.
Brandebourg, ainsi que l'Electeur de Saxe parce qu'ils sont employés dans la contribution du Haut-pouvoir.			
Les Electeurs ecclésiastiques ne formant point entre eux le même Etat de force, ils sont susceptibles d'une différence dans les subsides, &c.			
Celui de Cologne à cause de son Evêché de Munster, &c, formant une Puissance plus considérable, supportera une contribution de 6000 hommes.---	4,000.	2,000.	1,200,000.
	360,000.	130,000.	80,700,000.

	Infant.	Cavalerie.	Argent.
	Hommes.		Liv. tournois.
De l'autre part - - - -	360,000.	130,000.	80,700,000.
L'Électeur de Treves. - - - - -	1,000.	»	250,000.
L'Électeur de Mayence comme celui de Cologne-ci.	4,000.	2,000.	1,200,000.
Les autres Princes, Margraves, Burgraves, Landgraves, Ducs, Comtes, Marquis, &c., contribueront à la caisse du Haut-Pouvoir, selon la matricule de l'Empire, & l'armée des Cercles sera partie desdites contributions.			
L'Evêque & Prince de Liege contribuera de 3000 hommes.	2,000.	1,000.	900,000.
	367,000.	133,000.	83,050,000.

	Infant.	Cavalerie.	Argent.
	Hommes.		*Liv. tournois.*
Ci - contre - - - - - -	367,000.	133,000.	83,050,000.
La République des Provinces - unies, attendu son commerce, sa puissance maritime, supportera pour son accession & garantie, vingt & un mille hommes, dont 7 de cavalerie. - - - -	14,000.	7,000	9,000,000.
(Les Pays-bas sont compris dans les contributions de la maison d'Autriche).			
SUISSES ET GRISONS.			
Les Suisses & Grisons devant être le dépôt du Haut-Pouvoir, nous ne les avons pas employés dans l'objet			
	381,000.	140,000.	92,050,000.

	Infant.	Caval.	Argent.
	Hommes.		Liv. tournois.
De l'autre part.-------	381,000.	140,000.	92,050,000.
des contributions, mais il est nécessaire de les assujettir à la garde du Haut Tribunal, & pour cet effet, ils formeront un Corps de quarante mille hommes, qui ne sera employé qu'a l'exécution des jugemens & décrets emanés du Haut-pouvoir, & ce Corps sera soudoyé & entretenu par la caisse générale.--------	40,000.	----	----
ITALIÆ.			
Nous avons déjà parlé de la nécessité de			
	421,000.	140,000.	92,050,000.

	Infant.	Caval.	Argent.
	Hommes.		Liv. tournois.
Ci - Contre. ----	421,000.	140,000.	92,050,000.
veiller par rapport aux Russes & aux Anglois, à cette partie de l'Europe; il est essentiel de détailler ici avec plus d'ordre quelle doit être la nature des contingens & subsides que doit fournir chaque Etat intéressé à sa sûreté indépendante pou la joindre à la récapitulation générale de ce plan.			
Le Roi de Sardaigne doit être compris pour 24 mille hommes, dont huit de Cavalerie, argent six millions. ------	16,000.	8,000.	6,000,000.
	437,000.	148,000.	98,050,000.

E

	Infant.	Cavalerie.	Argent.
	Hommes.		Liv. tournois.
De l'autre part. -----	437,000.	148,000.	98,050,000.
Le Roi des Deux - Siciles idem. ------------	16,000.	8,000.	6,000,000.
Le Grand-Duc de Toscane, douze mille hommes, un tiers de Cavalerie ; argent, trois millions. ----------	8,000.	4,000.	3,000,000.
La République de Venise, Quinze mille hommes, dont un tiers Cavalerie, argent six millions. ------------	10,000.	5,000.	6,000,000.
Les Duchés de Modene, de la Mirandole, quoique près d'être tous réunis à la Maison d'Autriche qui en possede une partie &	471,000.	165,000.	113,050,000

	Infant.	Caval.	Argent.
	Hommes.		*Liv. tournois.*
Ci-Contre -------	471,000.	165,000.	113,050,000.
attend l'autre par le pacte qu'elle s'est ménagé avec la Maison d'Est			
Tous ces Etats, soit qu'ils retournent à des Princes particuliers, soit qu'ils composent & augmentent le grand Duché de Lombardie, doivent contribuer à la barriere de l'Italie & leurs contingens seront de douze mille hommes, dont 4 mille de Cavalerie ; Argent, quatre millions. ----------	8,000.	4,000.	4,000,000.
L'Infant de Parme, quinze	479,000.	169,000.	117,050,000.

	Infant.	Caval.	argent.
	Hommes.		Liv. tournois.
De l'autre part. - - - - - - -	479,000.	169,000.	117,050,000
cents hommes d'infanterie ; argent cinq cents mille livres.- - - - - - - - - - - - -	1,500.	- -	500,000,
Le Pape, quatre mille hommes d'infanterie ; argent quatre millions.- - -	4,000.	- -	4,000,000
Il faut ajouter les contingens & subsides du Duc de Wirtemberg & du Landgrave de Hesse-Cassel, chacun de six mille hommes d'infanterie & 3 mille de cavalerie, & en argent deux millions cinq cents mille livres.-	12,000.	6,000.	5,000,000.
La France pour sa nou-	496,500.	175,000.	126,550,000

	Infant.	Caval.	Argent.
	Hommes.		Liv. tournois.
Ci-Contre	496,500.	175,000.	126,550,000
Nouvelle conquête de Corse doit être comprise aux contingent de l'Italie pour six mille hommes, le tiers de Cavalerie, & quatre millions en argent.	4,000.	2,000.	4,000,000.
Total général de toutes les forces de terre & subsides.	500,500.	177,000.	130,550,000

Contingens en forces maritimes préliminaires indépendamment de toutes les forces au besoin.

	Vaisseaux de Ligne	Chebecs & frégates	Galiotes & Brulots.
La France, comme l'une des principales Puissances maritimes du Haut-pouvoir, fournira trente vaisseaux de ligne vingt frégates, six brulots & galiotes à bombes ----------	30.	20.	6.
L'Espagne mêmes forces-------	30.	20.	6.
Le Portugal. 12 vaisseaux 4 frégates & 4 galiotes qui seront entretenues & prêtes à mettre en mer au premier besoin du Haut-pouvoir conservateur.-----------	12.	4.	4.
Naples & Sicile, 4 vaisseaux de ligne, 4 chebecs & 2 galiotes à bombes.-------	4.	4.	2.
Venise, 10 vaisseaux de ligne, 6 frégates & 4 chebecs.--------------	10.	10.	4.
	86.	58.	18.

	Vaisseaux de Ligne.	Chebecs & Frégat[illegible]	Galiotes & [illegible]
Ci Contre.	86.	58.	18.
Genes, 3 vaisseaux de ligne & 3 chebecs-----	3.	3	--
Hollande, 25 vaisseaux de ligne, 12 frégates & 4 brulots.--------	25	12.	4.
Contingens des Puissances du Nord.			
La Suede, 14 vaisseaux de ligne & 6 frégates. -	14.	6.	--
Le Danemarck douze vaisseaux de ligne & six frégates.--------	12.	6.	--
Total général des forces maritimes du Haut pouvoir conservateur, ci.------	140.	85.	22.

OBSERVATIONS.

Ces forces maritimes doivent être toujours prêtes & divisées par escadres, pour agir aux premiers ordres de la barriere qui recourra à l'appui du *Haut-Pouvoir.*

La division du Nord fera le service d'observation de cette mer; celle de l'Océan sera chargée du service immédiat des decrets d'exécution, comme attachée particuliérement au suprême tribunal. Elle commandera par le moyen de son amiral-général toutes les divisions particulieres, & il lui sera désigné des ports de sûreté pour ses armemens au besoin.

L'escadre de la Méditerranée croisera dans tous les tems contre les Barbaresques; elle aura ses points de réunion & de retraite à Livourne, à Naples, & dans les ports de la Corse qui en seront susceptibles, même dans ceux d'Espagne & de France situés sur cette mer, indépendamment des autres ports qui deviendroient nécessaires dans l'Archipel & la mer Adriatique.

Le *Haut Pouvoir* nommera l'amiral général & les vice-amiraux particuliers de ses escadres: tous seront subordonnés au grand-amiral.

Quoique nous n'ayons pas parlé des villes anséatiques & autres, elles doivent être cependant comprises dans le contingent, suivant la fixation que le *Haut-Pouvoir* jugera équitable.

Récapitulation générale de toutes les forces préliminaires tant de terre que de mer.	Forces de Terre.			Forces de Mer.		
	Infanterie.	Cavalerie.	Subsides en argent.	Vaisseaux de Ligne.	Frégates & Chebecs	Galiotes & Brulots.
	Hommes.		*Livres*			
Les quatre grandes Puissances & leurs adjoints	300 000	100 000.	60,000,000	72	44	16
Puissances du Nord - - -	32 000.	16,000	12,000,000.	26	12	—
Allemagne & électeurs-	47 000.	23.000	17,050 000	—	—	4
République de Hollande	14,000.	7,000	9.000,000.	25	12	—
Suisses & Grisons- - - -	40 000	—	—	—	—	—
Italie - - - - - - - - - - -	63,500.	29,000.	29,500,000.	17	17	2
La France pour la Corse. - - - - - - -	4,000.	2,000	4,000,000.	—	—	—
Total général.	500,500.	177 000.	131,550,000.	140	85	22

Dans l'établissement d'une puissance maritime aussi formidable & préliminaire, qui servira de sûreté & de croisiere pour l'appui de toutes les vues du *Haut-Pouvoir Conservateur*, notre principal dessein à été de veiller particuliérement à la liberté du commerce de la Méditerranée, contre les entreprises des corsaires de Barbarie, qui, à la honte des nations européennes, ne cessent d'exercer impunément leurs pirateries, & forcent les puissances même du premier ordre, à leur prodiguer des présens, devenus presque des tributs, pour acheter la liberté du pavillon.

Nous ajouterons une proposition à notre plan. Ce seroit de laisser les contingens en forces maritimes que fourniront les princes d'Italie, pour former une escadre d'observation dans ces parages, & la division à cet égard sera de trente-quatre vaisseaux de ligne, y compris les frégates & les chebecs, lesquels se joignant aux Maltois pour l'établissement de la station ou croisiere, seront plus que suffisans pour contenir & faire trembler les côtes de Barbarie, en attendant que le *Haut-Pouvoir* prenne la résolution d'exterminer absolument ces pirates par la destruction de leurs ports & retraites.

A l'égard des divisions du Nord & de

l'Océan, elles seront employées à la sûreté de ces mers, & à seconder les opérations préliminaires du tribunal suprême.

Par ces différentes spéculations & sur l'énumération de toutes les forces préliminaires & générales réunies, il est aisé de connoître au premier coup-d'œil quel sera l'état de puissance du directoire conservateur, & quels sont les immenses avantages qui en résulteroient pour l'Europe entiere.

Les circonstances présentes, les révolutions que prépare le midi de l'Amérique, imitant bientôt le Nord de cette vaste partie du monde, les projets de plusieurs cours du nord de l'Europe, & sur-tout l'ambition active de la Russie, poussée par ses besoins qu'elle veut cacher, à trouver dans les guerres du centre de l'Europe les ressources que lui refuse l'ingratitude d'une grande partie de ses états dépeuplés; tout invite, sollicite, presse les princes du midi & de l'Allemagne à former la puissante ligue que nous venons de leur présenter. Par ce moyen, les rivaux, les envieux de la France, sans cesse alarmés des moindres mouvemens de cette monarchie, ne pourront plus faire croire à l'ambition de la cour de Versailles pour s'emparer des états de l'Amérique, si le peuple qu'elle défend contre des injustes maîtres, réussit à briser sans retour la chaine qui l'attachoit à la mere-patrie. Ce projet invraisemblable seroit à jamais la honte de celui qui auroit pu le concevoir, parce qu'il est impossible à réaliser. Toutes les puissances doivent se pénétrer de cette vérité ; *que tous leurs efforts réunis n'empêcheront pas les Américains de sécouer (plutôt qu'on ne croit peut-être) le joug dont l'Europe les a chargés, & soit colons, soit indigenes, tous tendent au même but, & l'atteindront un peu plutôt, un peu plus tard.*

Notre plan de *Haut-Pouvoir* présente aux puissances européennes une sécurité inaltérable. Que l'Amérique se détache des souverains qui en ont envahi quelques parties ; qu'elle continue à subir les loix des princes de l'Europe ; tout deviendra indifférent pour notre tribunal suprême. Si les Américains sont libres, chaque puissance jouira des fruits de cette liberté, recevra les exportations de ces hommes nouvellement appellés à l'industrie qui les avoit rendus esclaves. Les querelles des voisins ambitieux seront assoupies dès leur naissance, nos vaisseaux sillonneront les vastes plaines de l'Océan, sans crainte, sans danger d'être pris, visités, brûlés. Chaque peuple se livrera au genre de spéculation qui conviendra à sa culture, à son intelligence; la guerre & tous ses fléaux destructeurs, n'engloutira plus des miltions d'hommes pour défendre ou servir la génération qui passe aux dépens des races futures. Les terres mieux cultivées, les impôts devenus la plupart inutiles, la population augmentée & la vraie richesse des puissances doublée en proportion; le militaire diminué de moitié chez tous les princes, puisque leur contingent suffira à leur sûreté; voilà une foible partie des biens que doit produire ce projet pacificateur.

Alors l'Angleterre, la Hollande, ces riches courtiers maritimes, continueront leur commerce sans être enviés d'aucune puissance du continent. La premiere aura peut-être perdu ses colonies sans retour; ses habiles marins lui en découvriront de nouvelles pour les rejetter, au bout de quelques siecles, dans les mêmes malheurs. Ces navigateurs altiers n'auront plus la fausse gloire d'imposer des loix sur un élément qui doit être libre pour tout homme qui a la hardiesse de braver son inconstance.

Enfin, notre projet conservateur présente encore l'immortalité aux puissances qui auront coopéré à ce grand établissement. Il doit les réunir toutes pour les faire concourir à la perfection des vues que nous n'avons qu'imparfaitement indiquées; ces vues intéressent essentiellement leur haute élévation, feront le bien de l'Europe, & par une conséquence nécessaire, feront peut-être un jour celui du monde entier. Quels titres plus glorieux que celui d'être l'arbitre de tous les princes, de maintenir les droits, les libertés de tous les états, de tenir la balance entre tous les pouvoirs, de veiller au bonheur, à la conservation particuliere de chacun, de mettre un frein à l'ambition, proscrire les haines, les rivalités, les jalousies, enchaîner la tortueuse politique, ne plus faire de tous les potentats de l'Europe qu'un seul corps de fraternité & d'union ; d'armer toutes les forces pour la défense commune, sans qu'il soit jamais possible à aucun perturbateur du Nord ou de l'Asie de porter atteinte à ce systême de tranquillité ; d'être l'ame & l'esprit de tous les mouvemens de ce grand corps ?

Tels sont les trophées éclatants qui doivent couronner les quatre puissances à qui il appartient de procurer à l'univers cet avantage inestimable, & recevoir les noms de suprêmes restaurateurs de la félicité du genre-humain.

FIN.

www.ingramcontent.com/pod-product-compliance
Ingram Content Group UK Ltd.
Pitfield, Milton Keynes, MK11 3LW, UK
UKHW021101260726
13994UKWH00002B/646